W0347040

DIE BERLINER MAUER

Länge der Demarkationslinie zwischen West- und Ost-Berlin: 43,1 km
Länge der Demarkationslinie zwischen West-Berlin und der DDR: 111,9 km
Gesamtlänge: 155 km

Betonplatten mit Rohrauflage oder eingelassenem Rohr (3,5 – 4,2 m Höhe): 112,6 km
Metallgitterzaun: 55 km
Stacheldraht (doppelter Stacheldrahtzaun): 4,8 km
Betonmauern, Reste von Häuserfronten, Grundstücksmauern: 9,0 km
Beobachtungstürme: 285
Bunker: 69
Hundelaufanlagen: 256
Kraftfahrzeug-Sperrgräben: 108,0 km
Kontakt- und Signalzaun: 124,9 km
Kolonnenweg: 123,5 km

(Stand 31. 7. 1984; nach Peter Joachim Lapp / Jürgen Ritter,
Die Grenze. Ein deutsches Bauwerk, Berlin 1997)

THE BERLIN WALL

Length of demarcation line between West and East Berlin: 43.1 km
Length of demarcation line between West Berlin and the GDR: 111.9 km
Total length: 155 km

Concrete slab elements with T-base and tubular coping sections
or integrated round tops (3.5 – 4.2 m high): 112.6 km
Expanded metal mesh fence: 55 km
Barbed wire (double barbed-wire fence): 4.8 km
Other concrete walls, remains of house walls, property walls: 9.0 km
Watch-towers: 285
Air-raid shelters: 69
Watch-dog runs: 256
Anti-vehicle defense trenches: 108.0 km
Contact-alarm fence: 124.9 km
Patrol lane: 123.5 km

(as per 31.7.1984; from: Peter Joachim Lapp / Jürgen Ritter,
Die Grenze: Ein deutsches Bauwerk, Berlin 1997)

Die Ziffern verweisen auf die Seitenzahlen im Buch.
Digitals denote page numbers in the book.

Leben mit der Mauer

Living with the Wall

Matthias Hoffmann

LIVING WITH THE WALL LEBEN MIT DER MAUER

nicolai

Vorwort

Zwei Kinder und ein Schaukelpferd: mit aller Kraft dreht und biegt ein Junge, breitbeinig das Gleichgewicht haltend, an dem Spielzeug. Der andere versucht, das offensichtlich alte und nicht mehr ganz funktionstüchtige Ding unter Aufbietung aller Kräfte festzuhalten. Die beiden sind so konzentriert und mit sich und der Reparatur des Pferdes beschäftigt, dass sie die Spaziergängerin gar nicht wahrnehmen, die an ihnen vorbei den Bürgersteig entlang schlendert und interessiert die Graffitis und Botschaften (etwa: »Liebe Trautchen, zum 60. alles Gute! Deine Gartenpieper«) an den hohen Betonelementen der Mauer liest. Zwei, drei Meter von den Kindern entfernt verläuft die Berliner Mauer. Die Jungen nehmen sie nicht wahr.

Das ist die Momentaufnahme eines Sonntags im Oktober 1986 am Bethaniendamm im West-Berliner Stadtbezirk Kreuzberg. Es ist ein Foto von vielen. Trotzdem besitzt es eine besondere Symbolik. Es lässt die Brutalität spüren, mit der die Berliner Mauer die Stadt in zwei Hälften riss und zeigt zugleich, wie sehr die Mauer im Verlauf ihrer achtundzwanzigjährigen Existenz zum integralen Bestandteil des Berliner Alltags geworden war.

So legten zum Beispiel auf der West-Berliner Seite Kleingärtner im unmittelbaren Mauerstreifen ihre Gemüsebeete an, oder an der Neuköllner Kiefholzstraße weideten Pferde in einer Koppel direkt am Beton. Kinder nutzten die Nahtstelle zwischen den einzelnen Betonsegmenten als Torpfosten beim Fußballspiel, und Jugendliche fuhren zu den von West-Berliner Seite frei zugänglichen Intershops am Bahnhof Friedrichstraße, um die dort erheblich preiswerteren Spirituosen für ihre Party zu kaufen. Mit Westgeld kauften sie im Osten Westwaren.

Introduction

Two children and a rocking horse: a boy turns and tilts the toy animal with all his strength, steadying himself with his legs apart. The other tries to hold the rather rickety thing upright, also with every last ounce of strength. The two of them are so engrossed in their efforts to repair the horse that they do not notice the lady strolling past them on the pavement studying the graffiti and messages on the high concrete slabs of the Wall, for example: "Dear Trautchen, all the best for your 60th! Ever yours, The Laubenpiepers" (nickname for allotment gardener). The Berlin Wall is two, three metres away from the boys – who don't take any notice of it.

This is a snapshot of an October Sunday in 1986 on Bethaniendamm in the West Berlin borough of Kreuzberg. One snapshot of many. Yet it holds a special symbolism. It gives a sense of the brutality with which the Berlin Wall cut the city in half and shows at the same time how much a part of everyday life the Wall became during its 28-year existence.

West Berlin allotment gardeners, for example, grew vegetables immediately next to the Wall, and horses grazed on a paddock on Kiefholzstrasse in Neukölln with the Wall as a fence. Children playing football used the joints between two concrete slabs as goal posts, and youngsters planning a party went to Friedrichstrasse station, freely accessible from West Berlin, to buy drinks which the Intershops sold much cheaper. So they bought west products for west money in the East!

The two generations of young people – in both the East and the West – who were born after the Wall was put up, could not imagine life without this border.

For the people on both sides of the Wall, however, the situation was anything but normal, for example, when

Insbesondere für die zwei Generationen junger Leute, die in die Mauerzeit hinein geboren wurden, war ein Leben ohne Grenze gar nicht vorstellbar. Das galt für die West- und die Ost-Berliner gleichermaßen.
Aber wie wenig selbstverständlich war zum Beispiel die Situation für die Menschen auf beiden Seiten der Mauer, wenn die Ost-Berliner ihre »Westverwandtschaft« nach einem Tagesbesuch bis zur Grenzkontrolle am Bahnhof Friedrichstraße, dem »Tränenpalast«, begleiteten und ihr noch so lange nachwinkten, bis sie im Gebäude verschwunden war?
Und wie wenig normal war die betonierte Teilung Berlins für diejenigen, die noch eine wenn auch schon geteilte, aber zumindest noch freizügige Stadt erlebt hatten? Bis zum 13. August 1961, dem Tag des Mauerbaus, waren viele der jungen Leute aus dem Westen noch ganz selbstverständlich in den Ostteil der Stadt gefahren, um dort in einem der Ballhäuser tanzen zu gehen; ein Vergnügen, das auf Grund des günstigen Umtauschkurses von der Mark (West) zur Mark (Ost) auch oder vor allem finanzielle Gründe hatte. Umgekehrt gingen viele der Ost-Berliner regelmäßig in die Kinos im Westteil der Stadt, da dort Filme zu sehen waren, die in der DDR nicht gezeigt werden durften – das war auch trotz des hohen Umtauschkurses kein finanzielles Problem, da bei Vorlage des Personalausweises die Ost-Berliner den Eintritt mit ihrem Geld 1:1 zahlen konnten.
Dass sich viele mit der Teilung nicht abfinden wollten, zeigen die unzähligen Fluchtversuche. Über 5 000 Menschen überwanden unter Einsatz ihres Lebens die Grenzanlagen zum Westteil der Stadt. Nach Angaben der »Arbeitsgemeinschaft 13. August« flüchteten von 1961 bis 1989 insgesamt 40 000 Menschen aus der DDR in den Westen Deutschlands. Allein an der Grenze zu West-Berlin bezahlten 122 Menschen ihren Fluchtversuch mit ihrem Leben.
1984 war ich sechzehn Jahre alt und gehörte zu der Generation, die sich ein Berlin ohne Mauer nur schwer

"Easterners" accompanied their "West relatives", after a day's visit, back to the checkpoint hall at Friedrichstrasse Station, called the "Tränenpalast" (Palace of Tears), and waved to them until they disappeared in the building. To those who had lived in the city at the time when it was already divided into sectors, but at least still open to east-west comings and goings, the situation could never become really "normal". Up until 13 August 1961, the day the first rough Wall was erected, many of the young people of West Berlin had gone to the East as a matter of course for ballroom dances, a pleasure that had also, or mainly, financial reasons, because the exchange rate for West to East marks was very advantageous to Westerners. Many Easterners, in turn, went to the cinemas in West Berlin because these showed films that were banned in the GDR. Despite the high value of the D-mark in relation to the Reichsmark, this was no problem, because on showing their passports, East Germans were allowed to pay with their own money at a rate of 1:1.
The fact that many refused to resign themselves to the partition of Germany is evidenced by the large number of attempted and successful escapes. More than 5000 East Germans risked their lives by crossing the fortified border to West Berlin. According to the association "Arbeitsgemeinschaft 13. August", a total of 40,000 people fled the GDR to settle in the Federal Republic of Germany from 1961 to 1989. At the West Berlin Wall alone, 122 persons paid for the attempt with their lives.
In 1984 I was sixteen and belonged to the generation who found it difficult to imagine life in Berlin without the Wall. Of course, I had seen pictures of the undivided city on television – of a world conveying a semblance of order. The pictures of the exciting life of the roaring twenties in Berlin fascinated me. In my mind I laid them over the deserted strip of no man's land, like a stencil, when I stood on one of the lookout platforms on Potsdamer Platz and let my eyes roam across the huge wasteland beyond the Wall.

vorstellen konnte. Natürlich kannte ich die Bilder des ungeteilten Berlin aus dem Fernsehen – als die Welt noch vermeintlich in Ordnung war. Fasziniert nahm ich die Bilder von dem aufregenden Leben Berlins in den zwanziger Jahren wahr, legte sie in Gedanken wie eine Schablone über den verwaisten Mauerstreifen, wenn ich, auf der Aussichtsplattform am Potsdamer Platz stehend, den Blick über die ungeheuer große Brache schweifen ließ.

In solchen Momenten dachte ich, wie schön doch ein Berlin ohne Mauer, ohne die Teilung in Ost und West wäre – richtig vorstellen konnte ich es mir aber nicht.

Ein Tagesbesuch im Ostteil Berlins war jedes Mal verbunden mit endlos langen Grenzabfertigungen, mit stets und ständig unfreundlichen Grenzpolizisten, mit Taschen- und Portemonnaiekontrollen und mit dem Zwangsumtausch von 25,00 DM im Verhältnis 1:1.

An die anormale Normalität des Grenzübertritts gewöhnte ich mich nie, auch nicht nach der soundsovielten »Einreise in die DDR« und »Ausreise aus der DDR«. Obwohl ich relativ häufig in die DDR fuhr, da nahezu meine gesamte Verwandtschaft in einem kleinen Dorf nahe Frankfurt/Oder lebte.

Auch mein Klassenlehrer nutzte jeden sich bietenden »Wandertag«, um mit seinen Schülern entweder nach Ost-Berlin oder in die Umgebung zu fahren. Mit ihm erkundeten wir Gegenden auf der anderen Seite der Mauer, in die sich sonst kein Tourist verirrte. Er versuchte, uns Schülern das Bewusstsein zu vermitteln, dass die zwei Stadthälften trotz ihrer Unterschiedlichkeit zusammengehören, er wollte, dass wir sie als ein Gesamtgebilde, als eine Stadt, als DAS Berlin begreifen. Einmal verliebte ich mich auch in ein Mädchen aus Ost-Berlin; aber telefonieren war kaum möglich, Briefe dauerten zu lange und häufige Besuche waren für mich aufgrund des Zwangsumtauschs zu teuer – jeder auf seiner Seite hinter der Mauer, verloren wir dann irgendwann den Kontakt.

At such moments, I thought how wonderful Berlin would be without it, without this division between East and West – but I just could not quite see what it would really be like.

A day visit to East Berlin always involved endless queuing at the border checkpoints, invariably unfriendly GDR border policemen, bag and purse controls on top of the compulsory exchange of DM 25 for Reichsmarks – exchange rate 1:1. I never got used to the abnormal normality of the border-crossing procedure, not even after my umpteenth "entry to" and "exit from the GDR" even though I went there quite often as most of my relatives lived in a small village near Frankfurt/Oder.

In addition, my form teacher used every opportunity, i.e. every class excursion, to take us pupils to East Berlin or to some place in the surroundings. We explored areas "on the other side" no tourists ever found their way to. He did everything to impress on us that, despite all their differences, the "two halves" of our city belonged together. He wanted us to see and experience it as one, as THE city of Berlin. On one of our visits I fell in love with a girl from East Berlin, but it was almost impossible to phone her, letters took too long, and the high compulsory-exchange amount made frequent visits too expensive for us. We lost touch – stuck on opposite sides of the Wall.

When I learned to take photographs in 1984 and wanted to try out my newly acquired skills, I chose the Berlin Wall as my main motif. After some time I formed the fixed idea and plan to create a photo documentation of the divided city and, for this purpose, to walk around the whole of West Berlin along the fortified border. This fixed idea finally took me four years and a walk (in stages) of about 160 kilometres to materialise.

I took way over 500 photographs, many of them of places which the majority of the West Berlin population were not aware of. All of these pictures document scenes from living with the Wall in West Berlin. They show how people came to terms with and adapted to the situation

Als ich 1984 das Fotografieren lernte und meine frisch erworbenen Kenntnisse ausprobieren wollte, entschied ich mich für die Berliner Mauer als Fotomotiv. Im Lauf der Zeit entwickelte ich den Gedanken einer Fotodokumentation über die Teilung der Stadt und fasste den Plan, die gesamten Grenzanlagen rings um den Westteil Berlins einmal zu Fuß abzulaufen. Schließlich wurde aus dieser fixen Idee ein vier Jahre dauerndes und etwa 160 Kilometer langes Projekt.

Es entstanden weit über 500 Fotos, viele davon aufgenommen an Orten, die von der Öffentlichkeit kaum wahrgenommen wurden. Sie alle dokumentieren das Leben mit der Mauer im Westteil Berlins. Sie zeigen die Art und Weise, wie man sich mit der Mauer arrangierte, um auch unter diesen unnormalen Umständen ein normales Leben führen zu können.

Gerne hätte ich die Grenzsicherungsanlagen auch von der Ostseite aus fotografiert, doch ließ sich das nicht realisieren. Das Fotografieren in Grenznähe war dort unter Androhung schwerster Strafen verboten, außerdem kam man nicht bis zur Mauer vor. Ein ausgeklügeltes System von gestaffelten Sperrgebieten, die weit vor der Grenze begannen, verhinderte das. Diese Sperrgebiete konnten nur mit Ausweispapieren und Passierschein betreten werden, und solche Dokumente erhielten vornehmlich die Anwohner, in Ausnahmefällen auch deren Besucher. Im innerstädtischen Bereich Berlins waren die Zufahrtsstraßen gesperrt oder wurden ständig kontrolliert. Wachmänner achteten auf Ungewöhnliches – und dazu zählte zweifellos das Fotografieren.

Eigentlich durfte man auch von West-Berliner Seite aus nicht direkt bis an die Mauer heran, da das Territorium der DDR hier schon etwa fünf bis acht Meter vor der eigentlichen Betonmauer begann. Das Betreten des exterritorialen Geländes war offiziell verboten. Die vielen Graffitis an der Mauer entstanden also nur, weil die Sprayer dieses Gesetz missachteten – so wie auch die vielen West-Berliner, die dieses Niemandsland kurzer-

in order to lead a normal life even in abnormal circumstances.

I would have loved to photograph the border system from the eastern side, but this was not feasible, because taking photos of the Wall was strictly prohibited, and any attempt would have been severely punished. In any case, it was not possible to get really close to it. An intricate system of security zones, with decreasing degrees of accessibility, started at quite a distance from the Wall and prevented such an undertaking. You could only enter these areas with identity papers and special permits and these were mainly granted to residents and, in exceptional cases, their visitors. Streets leading up to the inner-urban border were either blocked or constantly monitored. Guards had to report anything unusual – somebody taking photographs would definitely have been unusual.

Strictly speaking, you were not allowed to go right up to the Wall on the West Berlin side either as the GDR territory started five to eight metres in front of the concrete slabs. It was officially prohibited to step onto this strip. All the graffiti was therefore the result of sprayers trespassing – like so many West Berlin citizens who simply appropriated this no man's land. The West Berlin policemen had to leave them in peace there as they were strictly prohibited from stepping onto the strip of GDR. In cases of particular incidents, they had to notify the American, British or French military authorities. GDR border guards patrolled this territory only very occasionally. For this purpose, there were small concrete-slab doors in the Wall for the border guards to pass through. During one of my photo excursions along the Wall, I once had a brief encounter with a GDR soldier who opened one of these doors. I was quite taken aback by this unique, unexpected incident, but the border guard must have felt the same when he was suddenly confronted with me and my camera. He quickly shut the door again.

hand »eingemeindeten«. Dabei blieben sie unbehelligt von der Polizei, denn die durfte das DDR-Gebiet natürlich keinesfalls betreten. Gab es besondere Vorkommnisse an der Berliner Mauer, mussten sie die amerikanischen, englischen bzw. französischen Alliierten verständigen. Von DDR-Grenzsoldaten wurde der Streifen nur selten kontrolliert. Zu diesem Zweck waren kleine Betontüren in die Mauer eingelassen, die einen Zugang von der Ostseite aus ermöglichten.

Während meiner Fototour entlang der Mauer kam es einmal auch zu einer kurzen Begegnung mit einem DDR-Grenzsoldaten, der eine dieser Türen öffnete. Ich war ziemlich erschrocken über dieses einmalige und unerwartete Ereignis, aber auch dem Grenzsoldaten ging es ähnlich, als er mich plötzlich mit der Kamera vor sich stehen sah. Eiligst schloss er die Tür wieder.

Eine zweite skurrile Fotoreihe ergab sich bei meiner Fototour in Rudow, wo ich Augenzeuge einer Auseinandersetzung zwischen einem West-Berliner und DDR-Grenzsoldaten wurde. Die Soldaten waren dabei, die alten und weniger sicheren Betonelemente der Mauer gegen neue auszutauschen, als ein betrunkener West-Berliner aus einer nahe gelegenen Kleingartenkolonie angetorkelt kam und sie heftig beschimpfte. Im Verlauf des Wortgefechts entkleidete er sich bis auf seine lange Unterhose und versuchte den provisorischen Bauzaun einzureißen. Alarmiert von der amerikanischen Military Police, die auf den Vorgang aufmerksam geworden war, wurde er schließlich von zwei herbeigeeilten West-Berliner Polizisten abgeführt.

1988 hatte ich West-Berlin mit meiner Kamera vollständig umrundet, die Mauer überall aufgenommen. Das Fotoprojekt war für mich damit abgeschlossen, und im Lauf der Zeit gerieten die vielen Fotos in Vergessenheit.

Über 13 Jahre später war es meine in Ost-Berlin geborene Lebensgefährtin, die die Fotos wieder entdeckte. Beim Anschauen der vielen Bilder entstand die Idee, sie im Internet zu zeigen und mit einem »Archiv des kollek-

Once, on a tour in Rudow, I took another series of photographs as an eye-witness to an absurd dispute between a man from West Berlin and GDR border guards. The soldiers were replacing the old unsafe concrete blocks of the Wall with new slabs when a drunk came staggering along from the nearby allotment gardens, abused the guards, took off his clothes during the altercation and tried to push over the construction fence. Finally, alarmed by the US military police who had been watching the incident, West Berlin policemen arrived on the scene and marched the drunken gardener off.

In 1988, I had completed my photographic tour of the Berlin Wall and had taken hundreds of photographs of it. For me, the project was completed, and over the years I forgot all about this collection of photographs.

It was "unearthed" again, more than thirteen years later, by my girlfriend, who was born in East Berlin. Looking through them we had the idea of publishing them via the internet and asking people to contribute personal memories to an "Archive of Collective Memory". After extensive preparations, the photographs have now been available for viewing since July 2001 on our website www.mauerfotos.de. It is currently the most comprehensive photo documentation of the Berlin Wall. Website visitors can enter their own stories about the spots shown on the photos. The response has been unexpectedly great. For many, the pictures revived scenes and experiences with the Wall that they had not thought of for a long time. And quite a number of our website visitors recognised "his/her piece of Wall" and wrote about it.

We have selected the most memorable texts from the internet archive for this book – little anecdotes, observations and dreams dreamt by East and West Berliners which reach back as far as 1961. In many cases, none of these memories ever made the daily news, neither in the press nor on television. Yet it is precisely the unspectacular facets of daily living with the Wall that will enable us, and in particular the younger people, to under-

tiven Gedächtnisses« zu verbinden. Nach umfangreichen Vorbereitungsarbeiten steht nun seit Juli 2001 unter www.mauerfotos.de das derzeit umfangreichste Fotoarchiv zur Berliner Mauer im Internet. Die Besucher der Website können dort zu den einzelnen Fotos ihre eigenen Erinnerungen und Geschichten niederschreiben. Die Resonanz war überraschend groß. Mitunter fast vergessene Erlebnisse und Begebenheiten mit der Mauer wurden angesichts der Bilder bei vielen wieder lebendig. Und so mancher erkannte auf einem dieser Bilder »sein« Stück Mauer wieder und schrieb darüber.
Die eindrücklichsten Texte aus dem Internetarchiv haben wir für dieses Buch ausgewählt: kleine Geschichten, Beobachtungen und auch Träume von Ost- und West-Berlinern, die zurückreichen bis in den August 1961. Oft sind es nur kurze Episoden, die in keiner Zeitung standen, und über die auch nie ein Fernsehreporter berichtet hat. Aber gerade das Unspektakuläre, das Alltägliche, das wir durch sie erfahren, lässt uns nachempfinden, was es hieß, mit der Mauer zu leben, macht es vielleicht auch der jüngeren Generation möglich, sich die Realität der Berliner Mauer vorzustellen.

Mein Dank gilt den Autoren (von denen einige nicht namentlich genannt werden wollten) für das Einverständnis, ihre Texte in diesem Buch abzudrucken. Damit tragen sie dazu bei, die Erinnerung an das Leben mit der Mauer, insbesondere für nachfolgende Generationen wach zu halten. – Und mein ein ganz persönlicher Dank gilt der »Wiederentdeckerin« der Fotos.

MATTHIAS HOFFMANN

stand and visualise what it was like having to cope with the realities of the Iron, that is the Concrete Curtain in Berlin.

I would like to thank the authors (some of whom wish to remain anonymous) for their permission to publish their texts in this book. They will contribute to keeping the memory of everyday living with the Wall alive, especially for coming generations. My personal gratitude goes to the "rediscoverer" of the photographs.

MATTHIAS HOFFMANN

Als kleiner Junge – ich müsste sieben bis acht Jahre alt gewesen sein – waren wir zu Besuch in Berlin und machten auch eine Stadtbesichtigung. Als wir am Brandenburger Tor standen, konnte ich nicht verstehen, dass da eine Mauer war und dass man nicht durchgehen durfte. Meine Eltern versuchten mir zwar die Situation zu erklären – DDR, anderes Land, geteilte Stadt und so weiter –, aber ich habe es nicht begriffen. Wie auch?
Seit diesem Tag war mein größter Traum, einmal vom Tiergarten aus durch das Brandenburger Tor zu gehen.
Im Jahr nach der Maueröffnung fuhr ich dann extra nach Berlin und erfüllte mir diesen Traum. MICHAEL KOCH

I was a small boy, maybe seven or eight years old, when we visited people in West Berlin and also went on a sight-seeing tour of the city. When we stood at the Brandenburg Gate, I could not understand that there was a wall and we weren't allowed to go beyond it. My parents tried to explain the situation – GDR, another country, divided city, etc. etc. – but I still didn't grasp it. How could I?
From that day on, the biggest dream I cherished was, someday, to walk from the Tiergarten (west) side through the Brandenburg Gate. In the first year after the opening of the Wall I went to Berlin specially and made my dream come true. MICHAEL KOCH

18. Mai 1984
Tiergarten
Ebertstraße

29. Mai 1987
Tiergarten
Ebertstraße

Mein Vater gehörte von 1958 bis 1961 zur Kasernierten Volkspolizei in Ost-Berlin und war an der Sektorengrenze eingesetzt; das war praktisch sein Wehrdienst. Bis zum Bau der Mauer bestand die Sektorengrenze lediglich aus Hinweisschildern, die darauf aufmerksam machten, dass man jetzt den Demokratischen Sektor (Osten) oder den amerikanischen, britischen bzw. französischen Sektor (Westen) verlassen würde. Grenzanlagen gab es damals noch nicht. Die West-Berliner Schupos (Schutzpolizisten) patrouillierten auf der einen Straßenseite und die »Volkspolizisten« auf der anderen. Mein Vater erzählte mir, dass er sich im Winter auch mal aus Gaudi eine Schneeballschlacht mit West-Berliner »Schupos« geliefert hat, hinter dem Reichstag an der Ebertstraße.

Ich fragte meinen Vater, wer denn damit angefangen hätte. Eigentlich ist die Frage albern, denn es spielt – wie so oft – keine Rolle »wer angefangen hat«. Der Hintergrund der Frage war allerdings ein anderer.

Ich stellte mir vor, wie ein neunzehnjähriger junger Mann, der in Berlin während des Krieges geboren und aufgewachsen ist, einem vermutlich gleichaltrigen jungen Mann auf drei oder auch fünf Meter Entfernung mehrere Stunden gegenübersteht. Ab und zu gehen sie auf und ab, um sich die Füße ein bisschen zu wärmen, und plötzlich fängt einer von beiden an, einen Schneeball zu formen und ihn auf den anderen zu werfen. Was für Gedanken haben sich die beiden gemacht, während sie da ihren Job verrichteten? Das wollte ich damals gern wissen. Zur Antwort bekam ich allerdings: »Ach, das kann ich dir nicht mehr sagen.« Das glaube ich sogar, und eigentlich sagt diese Anekdote auch mehr als tausend Worte.

PETRA MÜLLER

From 1958 to 1961 my father served with the Quartered People's Police in East Berlin and was deployed as a sector border guard. In actual fact this is where he did his military service. Up until the time when the Wall was put up, the "sector border" was only marked by notice boards telling you that you were now leaving the "Democratic" (East) or the American, British or French sectors (West). There were no border fortifications then. The West Berlin "Schupos" (Schutzpolizisten, security police) patrolled on one side of the street, the "Vopos" (Volkspolizisten, People's Police) on the other. My father told me that once he had fought a snowball battle with the West Berlin policemen, just for fun, behind the Reichstag on Ebertstrasse.

I asked him who started it. With hindsight I find this question ridiculous because in the end, as so often, it doesn't matter "who started it". The background to the question was another. I imagined a nineteen-year-old youth, born and raised in Berlin during the war, and another young man, probably of the same age, standing guard opposite each other maybe three or five metres between them. From time to time, both of them take a few steps to keep their feet warm – and suddenly one of them stoops to form a snowball and throws it at the other. What went through their minds when they were on duty like that?, I wanted to know. The only answer I got was, "Well, I don't really remember." I believed him, and this anecdote actually says more than a thousand words.

PETRA MÜLLER

18. Mai 1984
Tiergarten
Ebertstraße

Wenn ich heute am Potsdamer Platz bin und daran denke, wie es hier zu Mauerzeiten ausgesehen hat, dann kommt mir das wie ein komischer Traum vor.
Wie viele Filmausschnitte über die »Goldenen Zwanziger Jahre« in Berlin hatte ich im Fernsehen gesehen: Straßen, die überquollen vor Menschen und Autos, oder Vergnügungstempel, in denen Wasserfälle zur Inneneinrichtung gehörten und Frauen den Cancan tanzten.
Eines dieser Etablissements war das »Haus Vaterland«, das, im Zweiten Weltkrieg zur Ruine gebombt, noch bis in die siebziger Jahre direkt an der Mauer stand. In meinen frühesten Kindheitserinnerungen spielt dieser riesige schwarze ausgebombte Bau noch eine Rolle.
1976 ist diese Ruine abgerissen worden, und auf der Brachfläche siedelten sich so genannte Rollheimer an. Sie waren so etwas wie »städtische Aussteiger«, hatten sich diverse Lastwagen oder eben diesen ehemaligen BVG-Bus zu einer Art Dorfgemeinschaft zusammengestellt und wohnten nun darin.
Im Rückblick ist die gesamte Szenerie eine Art Symbol für das, was Berlin im Kern in dieser Zeit ausmachte. Da war dieses unglaublich riesige Brachgelände mitten im Herzen der Stadt. Es lag völlig nutzlos da, und Berlin fehlte – offensichtlich noch immer unter Mauerbauschock stehend – die inspirierende Kraft, mit diesem Gelände etwas anzufangen.
So siedelte sich dort also ein Gruppe von autonom-alternativen Aussteigern an, die beschlossen hatten, in Berlin anders als die »Spießer« leben zu wollen. Für sie gab es Platz in der Stadt – anders als heute, wie die jahrelangen Querelen um den Stellplatz der Rollheimer in den neunziger Jahren zeigen sollten. MATTHIAS HOFFMAN

When I am at Potsdamer Platz today and think back to how it looked when the Wall was there, that now seems like a weird kind of dream to me. How many film clips I had seen of the "roaring twenties" in Berlin: streets packed with people and cars, or the cabarets and other "palaces of pleasure" with waterfalls as part of the interior decoration where chorus girls danced the cancan. One of these establishments was the Haus Vaterland. Until way into the 1970s, it remained standing, a ruin from World War II, directly next to the Wall. This huge bombed-out blackened shell of a building is still part of my earliest childhood memories. In 1976 it was razed and "rolling-home-owners" settled on the wasteland. These urban drop-outs had converted various vans, lorries and an old BVG (Berliner Verkehrsbetriebe, Berlin Public Transport Company) bus into accommodation, arranged them to form a "village" and lived there permanently.
Looking back, I see the whole scene as a kind of symbol of what constituted the body and spirit of Berlin at that time. There was this huge wasteland right at the heart of the city, completely useless, and Berlin – obviously still too stunned from the erection of "the Wall" – lacked the will and the inspiration to do anything with it. That gave a group of "autonomous-alternative" drop-outs the opportunity to live differently from the bourgeois "squares". The city gave space to such people then, unlike later on, as the dispute about the drop-outs' site went on to show in the 1990s. MATTHIAS HOFFMAN

29. Mai 1987
Kreuzberg
Köthener Straße

Auf diesem Weg bin ich mit dem Fahrrad von Charlottenburg nach Kreuzberg gefahren. Es war die kürzeste Verbindung, allerdings durch unebene Gehwegplatten sehr holperig. Ich hatte immer ein komisches Gefühl, wenn ich darüber nachdachte, welche Geschichte diese Gegend schon hinter sich hatte und wie leblos jetzt alles war.
Manchmal kam mir ein Jeep der Alliierten entgegen. Zum Ausweichen war da nicht viel Platz. Das Fahrzeug verminderte auch nicht seine Geschwindigkeit. Da kam es mir schon so vor, als sei ich ein Niemand in diesem Land.

I always took this lane to cycle from Charlottenburg to Kreuzberg. It was the shortest direct route, although a bit rough, due to the uneven pavement slabs. I always had a funny feeling when I thought of how busy this area had been in the past, and how dead and deserted it appeared now.
Sometimes an Allied jeep came towards me. There wasn't much room to get out of the way, and the jeeps never slowed down either. This made me feel like a nobody in this no man's land.

29. Mai 1987
Kreuzberg
Stresemannstraße/
Niederkirchner Straße

Anfang August 1961 war mein Sohn Andreas, damals fünf Jahre alt, bei seinem Opa in Rathstock (bei Frankfurt/Oder) für zwei Wochen zu Besuch. Wir hatten vereinbart, dass mein Schwiegervater ihn just am 13. August wieder nach Hause bringt. Das war nichts Ungewöhnliches, denn schon viele Male hatte er ihn mit der S-Bahn zu uns nach West-Berlin gebracht. So wollten wir die beiden dann also am Bahnhof Hohenzollerndamm abholen.

Am S-Bahnhof sagte uns gleich der Schaffner, dass die Grenze seit Mitternacht zu sei und kein Zug mehr durchkäme. So richtig verstanden haben wir alle nicht, was das nun bedeutete. Wir versuchten zu telefonieren und Opa in Rathstock zu erreichen. Nach einigen Malen klappte das auch. Wir verabredeten, dass er meinen Sohn einige Tage später bis zum Übergang Checkpoint Charlie bringen sollte, wo ich Andreas dann auf der westlichen Seite in Empfang nehmen konnte.

Am Mittwoch stand ich dann auf der westlichen und Opa auf der anderen Seite. Andreas kam mit seinem kleinen Rucksack ohne irgendwelche Papiere (wie auch?) über die Grenze gelaufen, und Opa musste zurückbleiben. Noch heute habe ich dieses Bild vor Augen, wenn ich am Checkpoint Charlie stehe. IRMGARD HOFFMANN

At the beginning of August 1961, my son Andreas, then five years old, was on holiday for two weeks with his grandpa in Rathstock (near Frankfurt/Oder). The plan was that my father-in-law would bring him home by S-Bahn on the 13th August. This was nothing new because he had brought him home like that many times before. My wife and I were set to go and fetch our son from the station at Hohenzollerndamm.

When we arrived there, the stationmaster told us the border had been closed since midnight and no trains were coming through any more. We were unable to fully understand what this would mean, but tried to get through to grandpa in Rathstock on the phone and succeeded after quite a few futile attempts. We arranged for grandpa to bring our son to Checkpoint Charlie a few days later where I would then receive Andreas on the West Berlin side.

Thus, on a Wednesday, I stood on the "west" and grandpa on the "east" side and Andreas came through with his little backpack without any papers (how could it have been otherwise?) while grandpa had to stay behind. I still have this picture in front of me when I stand at Checkpoint Charlie. IRMGARD HOFFMANN

26. Oktober 1986
Kreuzberg
Friedrichstraße

Es muss Anfang der siebziger Jahre gewesen sein, als ich während einer Klassenfahrt in Berlin gewesen bin. Von Dänemark fuhren wir durch die DDR nach Ost-Berlin. Nach ein paar Tagen wechselte unser Besuchsprogramm von Ost- nach West-Berlin.
Ich erinnere mich nicht mehr genau an den Grenzübergang, aber daran, dass die Grenzkontrollen 16 Stunden dauerten!!! Und niemand sagte uns warum. Erst nach 16 Stunden klärte sich das Mysterium auf: Ein Schüler hatte amerikanische Comics in seiner Tasche. Wir verstanden das nicht – es waren doch nur Comics! In diesem Moment habe ich ein bisschen verstanden, was es hieß, in Berlin zu leben.
Schließlich sind wir dann heil in West-Berlin angekommen – aber ohne die Comics!

It must have been sometime in the early 1970s that I went to Berlin on a class outing. From Denmark, we drove through the GDR to East Berlin where we spent a few days before moving across to West Berlin for the second part of our visiting and sight-seeing programme.
I have no clear memory of the actual border crossing. But I do remember that the border controls took 16 hours – sixteen hours!!! Nobody told us why. In the end the mystery was disclosed: one of us had American comics in his bag. We just couldn't believe it! They were only comics, after all. At that moment I started to understand what it meant to live in Berlin.
We finally made it to Berlin – but without the comics!

26. Oktober 1986
Kreuzberg
Heinrich-Heine-Straße

26. Oktober 1986
Kreuzberg
Heinrich-Heine-Straße

Man konnte in Ost-Berlin lange Zeit leben, ohne die Mauer direkt zu spüren. Wenn man nicht in unmittelbarer Grenznähe gelebt hat, nahm man die Mauer höchstens am Brandenburger Tor wahr – bei den obligatorischen Touri-Touren mit der Verwandtschaft. Und selbst hier schien die Mauer sehr weit weg. Ich kann mich noch erinnern, an welcher Stelle mir meine Eltern das erste Mal zeigten, dass da hinten am Horizont West-Berlin sei, ich weiß nicht mehr wie alt ich war und welche Worte sie wählten. Es war bei einer der üblichen Wochendausflüge in den Garten. Wir fuhren mit der S-Bahn über den Bahnhof Plänterwald. Stadtauswärts, rechter Hand sah man hohe weiße Häuser, viele Häuser – dort war West-Berlin. Von der S-Bahn aus wirkte es wie eine aus den Nähten platzende große Stadt, die ein jähes Ende fand.

Viele Jahre später, es muss Mitte der achtziger Jahre gewesen sein, kam meine Oma ins Städtische Krankenhaus Mitte. Ich besuchte sie im Krankenhaus in der Fritz-Heckert-Straße (heute wieder Engeldamm). Das Haus auf dem Foto war das Nachbargebäude. Meine Oma lag in einem Zimmer der oberen Stockwerke, und so war es für mich das erste Mal, dass ich in den Westen schaute und auch Menschen von der anderen Seite gesehen habe. Mich beschlich damals ein komisches Gefühl, denn der Anblick, der sich mir bot, war sehr fremdartig: Ich sah Tiere, ich glaube es waren Esel dabei, Buden, die mit Tüchern und Brettern verhangen waren – es wirkte auf mich wie die Lagerstatt von Nomaden. Es kann sein, dass es gar nicht »so schlimm war«, ich weiß auch bis heute nicht, ob ich da Rollheimer oder etwas ganz anderes sah, ich konnte diesen Einblick jedenfalls nicht einordnen. Ich wusste nicht, ob ich das Leben jenseits der Mauer interessant oder bedauernswert finden sollte.

(Auf der anderen Seite der Mauer, am Bethaniendamm, gab es einen Kinderbauernhof und auch Rollheimer, also – zumeist junge – Leute, die in Wohnwagen verschiedenster Art leben.)

You could live in East Berlin and go about your business for a long time without coming up against the Wall. If you did not live immediately next to it, you were only conscious of it, at the most, at the Brandenburg Gate on the obligatory sightseeing tours with visiting relations. Even at this point, the Wall seemed a long way away. I remember the spot where my parents for the first time showed me that over there, on the horizon, was West Berlin. I don't remember how old I was then, and I don't remember the exact wording. It was during one of our usual weekend trips to our garden. We took the S-Bahn via the station Plänterwald. To the right you saw many tall white houses, and that was West Berlin. Seen from the S-Bahn, it appeared like a large city bursting at the seams, suddenly cut off.

Many years later, it must have been in the mid-1980s, my grandmother went into the Municipal Hospital Mitte on Fritz-Heckert-Strasse (now again Engeldamm) for treatment. I visited her there. The house on the photo was the adjacent building. My grandmother's ward was on one of the top floors so that, for the first time in my life, I was able to look out from her window to the "West" and even see people "on the other side". What I saw seemed very strange, even weird to me. I saw animals – donkeys, I think – make-shift sheds of boards and cloth curtains. All this appeared to me like a wild nomad camp. Maybe it wasn't all that "bad". I couldn't make out (and still don't know) whether I saw at a children's farm or a settlement of so-called "Rollheimer" (rolling-home-owners), i.e. drop-outs living in trailers or something else I was unable to identify. At that moment, I didn't know whether to find life beyond the Wall interesting or pitiful.

(Note: On the other side of the Wall, on Bethaniendamm, there was a children's farm as well as mostly young squatters living in different types of trailers.)

26. Oktober 1986
Kreuzberg
Leuschnerdamm / Bethaniendamm

26. Oktober 1986
Kreuzberg
Waldemarstraße

26. Oktober 1986
Kreuzberg
Bethaniendamm / Leuschnerdamm

November 1972. Aus Anlass des 23. Jahrestages der Gründung der DDR beschloss der Staatsrat am 6. Oktober 1972 eine Amnestie für (politische) Häftlinge (die Jungs an der DDR-Spitze wollten ja gerne in die UNO...). Als Ex-West-Berliner war ich wegen »Fluchthilfe« für meinen im Osten lebenden Bruder zu sechs Jahren Gefängnis verurteilt worden. In diesem November '72 war dann plötzlich alles vorbei. Die Haft war beendet.
»Zu Fuß ab in den Westen«, titelte die Berliner Tageszeitung »Tagesspiegel« in diesen Tagen. Mit einem Bus wurden wir auf die Mitte der Oberbaumbrücke gefahren und einzeln losgeschickt, die DDR in Richtung Zollstation in West-Berlin zu verlassen. Auf dem nahe gelegenen Polizeirevier gab es Schrippen, Zigaretten und sogar Whisky. Und das alles spendiert vom Zoll!
Viele von uns heulten sich einfach die Seele aus dem Leib. Ich auch.

November 1972. On the occasion of the 23rd anniversary of the foundation of the GDR, on 6 October 1972, the State Council passed an amnesty for political prisoners (those chaps at the top of the GDR wanted to get admitted to the UN). As an ex-West-Berliner, I had been convicted to six years imprisonment for "abetting the escape" of my brother from East Berlin. That November 1972 it ended abruptly. I was free.
The headline of the Berlin daily "Der Tagesspiegel" ran, "On Foot to the West" as we had been driven by bus to the middle of Oberbaumbrücke and sent off to leave the GDR, one by one, walking to the West Berlin customs office at the end of the bridge. In the nearby police station we were given bread rolls, cigarettes and even whisky. And all those gifts from customs! But many of us simply cried their eyes out. Me, too.

4. Juni 1984
Kreuzberg
Oberbaumbrücke

26. Oktober 1986
Kreuzberg
Gröbenufer

Schlesische Straße, das war das Ende der Welt. Das war der Arsch von Kreuzberg. So jedenfalls in den Augen von Bambi, dem Drogendealer aus dem Musical »Linie 1« des Berliner Grips-Theaters. Der Arsch von Kreuzberg hatte (und hat) auch eine Abkürzung: »SO 36«. Das Kürzel ist abgeleitet von der postalischen Bezeichnung »Berlin Süd-Ost 36« früherer Zeiten.
SO 36 war der Sammelpunkt der Hausbesetzer, der alternativen Aussteiger und vieler türkischer Familien, die sich hier niedergelassen hatten. Mitunter sprach man auch von »Klein-Istanbul«; von der türkischen Einwohnerzahl her gesehen, bildete Kreuzberg die drittgrößte Stadt der Türkei.
Ich selbst leitete zu der Zeit eine Jugendgruppe des Berliner Jugendrotkreuzes. Um den Jugendlichen zu zeigen, was Begriffe wie multikulturell, Fremdheit oder friedliches Zusammenleben im Alltag bedeuten, unternahmen wir gelegentlich Ausflüge an die Schlesische Straße. Und auch mit Berlin-Touristen fuhr ich hierher. Kreuzberg und insbesondere SO 36 war Pflichtprogramm für jede private Sightseeing-Tour, der sich mein Berlin-Besuch unterziehen musste.
Jeder Ausflug hierher führte dazu, dass ich melancholisch wurde. Man konnte ahnen, dass die Schlesische Straße früher einmal eine wichtige Verbindung zwischen Kreuzberg und Treptow gewesen sein muss. Davon zeugte auch diese kleine Tankstelle. Für mich war es immer wieder ein Wunder, wie sie sich über Wasser halten konnte. Sie war zum Sinnbild dafür geworden, dass diese Gegend schon einmal bessere Zeiten gesehen hatte und nun drohte, von der Welt vergessen zu werden.

Schlesische Strasse was the end of the world back then, in the "arse end" of Kreuzberg, at least in the eyes and words of Bambi, the drug dealer from the musical "Linie 1" at the West Berlin Grips Theatre. The "arse end" of Kreuzberg was (and still is) also called "SO 36", the abbreviation of the old name of the postal district "Berlin Süd-Ost (south-east) 36".
SO 36 was the assembly point of the squatters, of other "alternative" drop-outs and the home of many Turkish families. The area was therefore sometimes also called Little Istanbul. In terms of the ethnic identity of its population, Kreuzberg was the third-largest city of Turkey.
At that time I led a youth group of the Berlin Young Red Cross. I made a point of showing the youngsters what terms like multi-cultural, living in a foreign land or peaceful coexistence really meant in everyday life and sometimes took them to Schlesische Strasse. I also took tourists here. Kreuzberg and especially SO 36 were compulsory sight-seeing destinations for all the visitors to West Berlin who had to endure my guided tours.
Each time I myself became depressed. There was still a sense that Schlesische Strasse had been an important thoroughfare between the boroughs of Kreuzberg and Treptow. This small petrol station bore witness to that. I invariably marvelled at the fact that it survived. For me it had become the symbol of this neighbourhood which had seen better times and was then in danger of being universally forgotten.

4. Juni 1984
Kreuzberg
Schlesische Straße

Wenn ich mal das dringende Bedürfnis hatte, meine Ruhe zu haben, dann war das hier ein idealer Ort. Der grüne Uferstreifen gehörte bereits zu Ost-Berlin, aber die Mauer verlief einige Meter hinter dem eigentlichen Ufer.
Mit einigen Umwegen kam man auf diesen Grünstreifen und konnte sich dann dort zum Sonnenbaden hinlegen. Der Ort war nicht einmal unpopulär. Im Sommer bei schönem Wetter lagen dort eine ganze Menge junger Leute. Das war eine angenehme Stimmung dort. Man lag auf seiner Decke, las ein Buch, war im Grünen, direkt am Wasser, und man hatte wirklich seine Ruhe, weil keine Spaziergänger vorbeikamen.
An heißen Tagen habe ich mir gewünscht, mal eben ins Wasser zu gehen. Aber einerseits war der Landwehrkanal einfach zu dreckig und zum anderen war mir das dann doch zu unheimlich, hier im Grenzgebiet zu baden.
An warmen Sommerabenden saßen wir oft hier, hatten ein kleines Lagerfeuer entfacht und leerten so manche Weinflasche.

Whenever I felt the urgent need for some peace and quiet, this was the ideal place to go. The green embankment was already East Berlin border territory, but the actual Wall was set back a few metres from the water's edge.
You had to take a few detours to reach this strip of green, but then you were able, in the summer, to lie on the grass and sunbathe. The place was popular. In warm weather, quite a crowd of young people relaxed here. It was really pleasant. You lay on your rug, read a book, surrounded by greenery and directly at the water, and it was quiet because there were no people going for walks along the canal.
On hot days, I wished I could jump into the water for a swim and refreshment, but the water of the Landwehrkanal was really too dirty for that, and on the other hand I would have been very uneasy swimming right next to the Wall. Many a warm summer's evening we sat here around a small campfire and emptied a bottle of wine or two.

7. September 1986
Kreuzberg
Wiener Straße

7. September 1986
Kreuzberg
Wiener Straße

Dieses Foto wurde von einer dieser Aussichtsplattformen aufgenommen, die aus rohen, splittrigen braunen Holzbalken zusammengezimmert waren, und von denen es etliche in den Sackgassen vor der Mauer auf westlicher Seite gab.
Diese eine aber war »unser Turm« – Treffpunkt nach der Schule für meine Klicke. Für uns ein Ort der Freiheit statt der Begrenzung. Hier entkamen wir – argwöhnisch von den »Ostlern« im gegenüberliegenden Wachturm beobachtet – der elterlichen Kontrolle. Nur wenn alle Jubeljahre ein Jeep mit Amis vorbei kam (»Haste dit MG jesehn?«) verschwanden schnell die Feuerzeuge, mit denen wir versuchten, die Standpfosten der Plattform anzukokeln oder die Kieselsteine, mit denen wir »die Russen da drüben« ärgern wollten.
Von meinem Zuhause aus lag der Platz hinter dem Neuköllner Schifffahrtskanal. Meine Kumpels und ich wohnten westlich davon im Altbauviertel um die Weserstraße. Und bei allen Müttern hieß es auf die Frage: »Darf ick runta?« – »Ja, aber nur bis halb fünf und nich über'n Kanal!« Daran hielten wir uns schon aus Angst vor unangenehmen Begegnungen mit den uns unbekannten Revierherren vom anderen Ufer, am Kiehlufer.
Nun wohnten aber in den Neubauten am Mauer-Wendekreis der Wildenbruchstraße zwei der hübschesten Mädchen meiner Klasse: Simone und Imken. (Ich wusste gar nicht, dass ich mich an diese Namen noch erinnere!) Und so nahmen wir all unseren Mut zusammen und überquerten eines historischen Nachmittags die Wildenbruchbrücke und wagten uns auf fremdes Territorium, um die beiden Hübschen am Turm vor der Mauer zu treffen.

STEFAN WITTE

This photo was taken from one of the look-out platforms built from rough, splintering timber posts and beams in West Berlin's blind alleys at the Wall. This particular platform, however, was "our tower", "our" meaning my gang of friends who regularly met here after school. For us it was a place of freedom, not of confinement. This is where we took refuge from parental control – observed suspiciously by the "Easterners" from the watch-tower opposite "our tower". Only when – once in a blue moon – there was a jeep approaching ("Did you see that MG?") we quickly put away the lighters we tried to burn the platform's structural posts with, or the pebbles which we wanted to throw over the Wall "to annoy the Russians over there".
From my home, this spot was beyond the Neukölln Schiffahrtskanal [shipping canal]. My pals and I lived west of it in the old quarter around Weserstrasse. To our regular questions, "Can I go outside?", all the mothers always replied, "Okay, but only till half past four – and not across the canal!" At first we obeyed, if only for fear of unpleasant encounters with the strange lords of the territories beyond the other embankment (Kiehlufer). The circumstance which made us disobey and led to our discovering "our tower" was that two of the prettiest girls in my class, Simone and Imken (I'm surprised I remember their names!) lived in the new blocks of flats at the end of Wildenbruchstrasse. One day we boys therefore mustered all our courage to cross the canal via Wildenbruch Bridge and ventured onto forbidden ground to meet the girls at this tower.

STEFAN WITTE

7. September 1986
Neukölln
Wildenbruchstraße

Es war Mitte der achtziger Jahre. Ein Freund von mir besaß den Zeitungsladen in der Heidelberger Straße 38. Vor der Tür des Geschäfts war ein Zigarettenautomat angebracht. Als der eines Tages aufgebrochen worden war und die Polizei den Sachverhalt vor Ort aufnehmen wollte, mussten sich die Beamten von hinten über die Höfe »anschleichen«. Ein direktes Betreten der Heidelberger Straße war den Polizisten nicht möglich, da die Fahrbahn, der Gehweg, sogar die Balkone zur Straße hin und so auch der Zigarettenautomat bereits zum Hoheitsgebiet der DDR gehörten. Also blieben die beiden Polizisten in der Tür stehen, hielten sich am Türstock fest, begutachteten den Schaden am Automaten und schrieben ihr Protokoll. HEIKO TIETZ

It was sometime in the mid-1980s. A friend of mine had a newspaper shop at Heidelberger Strasse 38 with a cigarette machine on the wall outside beside the door. One day this was broken and the cigarettes were stolen. The policemen who were called in to register the damage had to "creep up on the machine" from behind, through a number of backyards, because they were not allowed to step onto Heidelberger Strasse territory. The street, including the pavements and even the balconies projecting out over them as well as the cigarette machine on the house wall were GDR territory and airspace. That day, the policemen had to stand inside the shop door and lean out, holding onto the door frame, to inspect the damaged vending machine and then write their report. HEIKO TIETZ

7. September 1986
Neukölln
Heidelberger Straße /
Sinsheimer Weg

Es muss so 1988 gewesen sein. Wie so oft war ich mit dem Fahrrad unterwegs durch Berlin. Auf meinem Weg kam ich an dieser Stelle vorbei. Ich fand es städtebaulich sehr interessant, wie an dieser Stelle die Mauer die Stadthälften zerschnitt und stieg auf den Aussichtsturm, der sich hier befand.
Oben stand bereits ein Mädchen, das so etwa 16 Jahre alt gewesen sein muss. Wenige Meter entfernt befand sich im Grenzstreifen ein Wachturm. Aus dem Fenster lehnte ein junger Grenzsoldat und schaute herüber.
Nach einiger Zeit merkte ich, dass sich das Mädchen und der Grenzsoldat »unterhielten«. Sie sprachen natürlich nicht miteinander, das war ja auf dieser Distanz nicht möglich. Aber das Mädchen zeigte dem Grenzer irgendwelche Bilder, die es auf die Plattform mitgenommen hatte. Er schaute sich die Bilder durch sein Fernglas an, nickte herüber und beide lachten.
Ich hatte das Gefühl, als ob sich die beiden kannten und das Mädchen wusste, dass der Grenzer zu diesem Zeitpunkt Dienst auf dem Turm hatte. Vielleicht waren beide miteinander verwandt, vielleicht hatten sie sich aber auch auf diese Weise »kennen gelernt« und angefreundet. Ich habe mich nicht getraut zu fragen, was es mit dieser grenzüberschreitenden Verständigung auf sich hatte.

It must have been 1988. As so often I was cycling through Berlin and also passed this spot. I was interested in the urban design aspect of the way the Wall cut the city in halves and mounted the look-out tower which stood here. There was a girl on top, she must have been about sixteen. A GDR watch-tower stood not far away, in no man's land. A young guard was leaning out of the window and looking across at us.
After a while, I noticed that the girl and the guard were "communicating", of course, not verbally, because the distance was too great for that. But she held up pictures which he then looked at through his field glasses, whereupon he nodded to her and they both laughed.
I had a sense that they knew each other and that the girl knew he was on duty at that particular time. Perhaps they were related, or perhaps they had "got to know each other" at this distance and become friends. I didn't dare ask the girl for the background story of this border-crossing companionable communication.

7. September 1986
Neukölln
Heidelberger Straße / Treptower Straße

Der Streifen Niemandsland direkt vor der Mauer, auf dem die Autos parken, erinnert mich an ein Abenteuer meines Freundes im Jahr 1984.
Er war damals mit einem Mädchen zusammen. Dagi, so ihr Spitzname, ging nach der 10. Klasse für ein Jahr als Austauschschülerin nach Amerika. Um ihr einen lieben Gruß aus Berlin nach Amerika zu schicken, hatte er sich überlegt, ein großes Herz mit der Inschrift »Dagi« an die Mauer zu sprayen. Das fertige Werk wollte er fotografieren und das Foto nach Amerika schicken.
Ein mehrere Meter breiter Streifen vor der Mauer gehörte bereits zur DDR, und das Betreten war demzufolge offiziell verboten. Im Alltag nahm man diesen Streifen aber eigentlich nicht mehr wahr. Er wurde von den West-Berlinern praktisch eingemeindet, wie auch die parkenden Autos auf dem Foto zeigen.
So machte sich mein Freund eines Nachts auf den Weg an die Mauer. Das Herz und die Inschrift hatte er schon fast fertig, als ihn plötzlich die West-Berliner Polizei auf einer Kontrollfahrt »ertappte«.
Die Polizei konnte ihn nicht von dem Streifen Niemandsland wegholen, da sie dort offiziell keinen Zutritt hatte. Andererseits musste er ihn ja irgendwann wieder verlassen und West-Berliner Gebiet betreten. Die Polizisten brauchten nur lange genug zu warten.
Schließlich wurde er zur »Feststellung der Personalien« mitgenommen und hatte ein Verfahren wegen Sachbeschädigung am Hals. Wie es ausgegangen ist, weiß ich nicht mehr. Ich hoffe, es ist wegen Lächerlichkeit eingestellt worden.
Das unfertige Herz war noch lange an der Mauer zu sehen, bevor es dann allmählich von anderen Graffitis überdeckt wurde.

The strip of no man's land directly in front of the Wall with the cars parked there, reminds me of an adventure a friend of mine had in 1984.
He had a girlfriend at the time, nicknamed Dagi, who had gone to America as an exchange student (high school level). He wanted to send her loving greetings and had had the idea to spray a large heart with "Dagi" inscribed in it onto the Berlin Wall. He then wanted to photograph this and send her the picture.
As the strip of land right in front of the Wall officially belonged to the GDR, access was prohibited. However, in their everyday lives, the people of West Berlin practically appropriated the strip, for example for parking their cars as in this picture.
One night my friend went to the wall and had almost completed spraying the heart and inscription when he was caught in the act by a West Berlin police patrol. The policemen were not allowed on the no man's land and could therefore not go and "pick him up" there. On the other hand, he couldn't stay there for ever, so they only had to wait long enough. In the end, he was marched off for ascertainment of his identity and later he faced court proceedings for vandalism. I can't remember what happened. I hope the case was dropped for absurdity. The incomplete heart remained on the Wall for a long time until it was covered by other graffiti.

7. September 1986
Neukölln
Heidelberger Straße

7. September 1986
Neukölln
Heidelberger Straße

7. September 1986
Neukölln
Kiefholzstraße

Wir sind oft mit dem Fahrrad von der Stubenrauchbrücke auf »Ost-Berliner-Gebiet« bis zur Ernst-Keller-Brücke an der Johannisthaler Chaussee gefahren. Ein Streifen entlang des Teltowkanals gehörte im Prinzip schon zu Ost-Berlin, war aber von West-Berliner Seite aus über die Brücke zugänglich. Häufig wurden wir von den Grenzsoldaten aus den Wachtürmen fotografiert. Da sind bestimmt viele Fotos zusammengekommen.
Wenige Tage nach dem 9. November 1989 bin ich mit zwei Freunden wieder diese Strecke gefahren. Kurz nach der Stubenrauchbrücke blieben wir stehen, da hinter dem dort lediglich vorhandenen Grenzzaun ein Grenzsoldat in unserer unmittelbaren Nähe stand. Wir versuchten, mit ihm ins Gespräch zu kommen, was aber nicht so recht gelingen wollte. Dann kamen wir auf die Idee, ihn zu fragen, ob er seine Mütze, ich glaub' für 20,- DM, verkaufen würde. Er lehnte jedoch sichtlich verdutzt ab.
Sollte dieser Grenzsoldat diese Zeilen lesen, möge er bitte Verständnis für unser Verhalten haben. Wir waren damals 16 Jahre alt. Aus heutiger Sicht glaube ich, dass unser Verhalten persönlich verletzend war.

My friends and I often cycled on "East Berlin territory" from Stubenrauch Bridge to the Ernst Keller Bridge on Johannisthaler Chaussee. Although this strip of embankment of the Teltow Canal officially belonged to East Berlin, it was accessible from West Berlin via a bridge. Often we were photographed by the border guards from the watch-towers. There must have been a considerable number piling up with time.
A few days before 9 November 1989 two friends and I took this way again. Immediately beyond Stubenrauch Bridge we got off our bikes because there was a GDR border guard standing just behind the border fence (only a fence at this point). We tried to talk to him, without much success. Then we had the idea to ask him whether he wouldn't like to sell his cap to us for, say, 20 D-marks. He declined, visibly taken aback.
Should this man read these lines, we ask for his understanding. We were only sixteen at the time. Looking back, I think our behaviour must have offended him personally.

7. Mai 1986
Neukölln
Stubenrauchstraße

7. Mai 1986
Neukölln
Stubenrauchstraße

In den achtziger Jahren wurden sukzessive die älteren Betonplatten an der Berliner Mauer durch höhere und stabilere Segmente ersetzt. Durch den Austausch der alten durch die neuen Betonelemente entstand kurzzeitig ein »Loch in der Mauer«. Unter Sicherheitsaspekten war dies eine besonders heikle Situation. Ein provisorischer Bauzaun sicherte die Grenzanlagen. Die Arbeiter wurden etwa im Verhältnis 1:1 von bewaffneten Grenzsoldaten beaufsichtigt.
In einem solchen sensiblen Moment war ich zufällig anwesend, als es zu einer Auseinandersetzung zwischen Grenzsoldaten und einem betrunkenen West-Berliner kam. Aus einer nahe gelegenen Kleingartenkolonie war er angetorkelt gekommen, bekleidet mit Kordhose, -jacke, -hut und Holzpantinen. Er hatte einen Spaten bei sich, mit dem er begann, westlich der Baustelle die Erde umzugraben. Warum? Das erschloss sich mir nicht so recht – und so betrunken wie er war, vermutlich nicht einmal ihm selbst.
Verdutzt ließen ihn die Soldaten zunächst gewähren. Als er jedoch nicht nachließ und anfing, die Grenzer anzupö-

In the 1980s, the old concrete blocks of the first Wall construction were successively replaced by higher, stronger concrete segments. This meant that in the course of this work, temporarily, there were "holes in the Wall". From a security point of view, this was a very awkward situation indeed. A construction fence secured the site. Workers were guarded by border troops at a ratio of 1:1. In this tense situation I happened to witness a conflict between the GDR soldiers and a man from West Berlin. He had staggered here from the nearby allotment garden colony, completely drunk, dressed in corduroy trousers, jacket and hat, clogs on his feet, carrying a spade, and started to turn over the soil on the West side of the "construction site". Baffled, the GDR guards ignored him at first, but when he started abusing them, they told him to leave the "sovereign territory of the German Democratic Republic". After all, the "trespasser" was on the strip of land which belonged to the GDR, but was only accessible from West Berlin.
Of course, the drunk did not pay any attention. Instead, he started slowly to undress, took off all his clothes

2. April 1986
Neukölln
Nahe der Waltersdorfer Chaussee

2. April 1986
Neukölln
Nahe der Waltersdorfer Chaussee

beln, forderten sie ihn auf, das »Hoheitsgebiet der Deutschen Demokratischen Republik« zu verlassen. Schließlich befand sich der »Grenzverletzer« auf dem wenige Meter breiten Geländestreifen, der territorial zwar zur DDR gehörte, aber nur von West-Berliner Gebiet aus zugänglich war.

Die Aufforderung ignorierte er natürlich. Stattdessen begann er sich langsam auszuziehen, legte nacheinander all seine Kleidungsstücke ab; zumindest hatte er sich noch so weit im Griff, dass er seine lange Unterhose anbehielt.

Spätestens jetzt zeigte sich die offensichtliche Hilflosigkeit der »Angehörigen der bewaffneten Organe« (so der DDR-Sprachgebrauch). Unsicher drehten sich einige von ihnen um, andere schauten betreten zu Boden, und wiederum andere forderten ihn auf, sich doch bitte wieder anzuziehen. Während dieser ganzen Zeit sprang auch der kleine weiße Hund, der den Mann begleitet hatte, laut kläffend um sein Herrchen herum.

Bei allem Ernst erinnerte mich diese ganze Situation irgendwie an die Comic-Figuren Obelix und Idefix,

except his long johns – thankfully he had enough sense left to keep them on. The helplessness of the "members of the armed organs" (in GDR officialese) in the face of this scene was patently obvious: some turned their eyes away, others lowered them to the ground in embarrassment, and one or two begged him to put on his clothes again. All this time, the little white dog that had come with the gardener, jumped up and down around his master, yapping madly.

For all the seriousness of the incident, the scene somehow reminded me of Asterix and Idefix defying the Romans, surrounded by high palisades.

By now the gardener had worked himself up into such a rage that he went up to the metal construction fence and tried to push it over. Then the GDR border guards had no other option but to intervene. Three of them braced themselves against the fence with all their strength and told him several times and in no uncertain terms to get off GDR territory.

Watching the "chain of alarm" on the West Berlin side provided a lot of suspense. The Americans, whose sector

2. April 1986
Neukölln
Nahe der Waltersdorfer Chaussee

2. April 1986
Neukölln
Nahe der Waltersdorfer Chaussee

daran, wie sie umgeben von einem hohen Holzzaun in ihrem kleinen Gallier-Dorf den Römern trotzen.
Mittlerweile hatte sich der Mann derart in Rage geschimpft, dass er auf den Metallzaun los ging und versuchte, ihn einzudrücken. Jetzt blieb den Grenzern nichts weiter übrig, als einzuschreiten. Mit aller Kraft stemmten sie sich zu dritt gegen den Zaun und forderten den Mann wiederholt und entschieden auf, das Hoheitsgebiet der Deutschen Demokratischen Republik zu verlassen.
Interessant zu beobachten war die Alarmkette auf westlicher Seite. Die amerikanischen Alliierten, in deren Sektor dieser Abschnitt fiel, waren offensichtlich über die Baumaßnahmen informiert gewesen, ein Hubschrauber der amerikanischen Military Police kreiste über der Baustelle.
Als die Situation am Boden zu eskalieren drohte, riefen sie nach Unterstützung. Zwei amerikanische Militärpolizisten, im Auto herbeigeeilt, machten sich ein Bild von der Lage. Sie wiederum informierten die West-Berliner Polizei, die kurze Zeit später eintraf und den betrunkenen Laubenpieper abführte. MATTHIAS HOFFMANN

this site was, had obviously been notified of the construction work: a US military police helicopter hovered above it.
When the conflict threatened to get out of hand, the crew must have called for support because two US military policemen drove up, reviewed the situation and then alarmed the West Berlin police who arrived on the scene a short while later and marched the drunken gardener off. MATTHIAS HOFFMANN

2. April 1986
Neukölln
Nahe der Waltersdorfer Chaussee

2. April 1986
Neukölln
Nahe der Waltersdorfer Chaussee

Neben dem Stacheldrahtzaun führte ein asphaltierter Weg entlang, der von der West-Berliner Polizei und den Amerikanern benutzt wurde. Für andere Autos war er gesperrt, und so konnte man hier schöne Radtouren unternehmen. Der Stacheldraht muss noch ein Relikt aus der Zeit des Mauerbaus gewesen sein, denn die eigentliche Mauer und die Grenzanlagen verliefen einige Meter dahinter. Auf dem Streifen zwischen Stacheldrahtzaun und Mauer, der bereits zur DDR gehörte, war im Laufe der Jahre eine kleine Wildnis entstanden.
Ganz selten kam es vor, dass einige Grenzer hier einen Kontrollgang, eigentlich mehr eine Kontrollpirsch unternahmen. Dafür kletterten sie mit einer Leiter über die Mauer. Um sich auch gegenseitig zu kontrollieren, waren es mindestens zwei Soldaten, bewaffnet mit Maschinenpistolen. Einer alleine hätte ja fliehen können.
Wenn man sie im Dickicht erblickte, war man doch ziemlich verblüfft, und es erschien einem fast komisch, DDR-Grenzer auf der westlichen Seite der Mauer zu sehen. Schweigend fuhren wir dann an ihnen vorbei, und schweigend beobachteten sie uns. MATTHIAS HOFFMANN

There was a tarmac lane running parallel to the Wall used by the West Berlin police and the Americans. It was closed to other cars so that you could enjoy nice cycle tours here. The barbed wire must have been a relic from the time of the first border fortification because the actual Wall rose a few metres beyond it. A small wilderness had grown on the strip between the barbed-wire fence and the concrete wall as it belonged to the GDR. GDR border guards patrolled, or rather strolled along, this strip only very occasionally. They literally climbed over on a ladder, at least two at a time, armed with machine guns, probably so that the one could prevent the other from escaping.
If you suddenly happened on them as you were cycling through the wilderness, it always gave you a start. It was very odd, even funny, to see GDR border guards on the West Berlin side of the Wall. As we passed them, they would watch us in silence. MATTHIAS HOFFMANN

2. April 1986
Neukölln
Waltersdorfer Chaussee

2. April 1986
Neukölln
Waltersdorfer Chaussee

Nach einem Tagesausflug mit meinem Bruder in den Spreewald wollten wir wieder über den Grenzübergang Waltersdorfer Chaussee zurück nach West-Berlin. Wir hatten nicht die gesamten 25 Mark der DDR ausgegeben, die wir – wie alle – bei der Einreise hatten umtauschen müssen.

Die Ausfuhr und auch die Einfuhr des DDR-Geldes waren strengstens verboten. In der Regel musste man bei der Pass- und Zollkontrolle den Grenzern gegenüber sein Portemonnaie öffnen (das an sich fand ich schon ziemlich erniedrigend, da es ja keinen etwas angeht).

Um das Ganze legal abwickeln zu können, gab es bei der Ausreise die Möglichkeit, bei der Staatsbank der DDR ein so genanntes Depot zu eröffnen. Da trabte man dann also zur Staatsbank, zahlte sein Geld auf das Depot ein, und beim nächsten Ost-Berlin-Besuch holte man sich das Geld vom Depot wieder ab. Das hatte den netten Nebeneffekt, dass man dadurch mehr als die 25 Mark der DDR zum Bücherkaufen oder wozu auch immer zur Verfügung hatte.

Na, jedenfalls gab es am Grenzübergang Waltersdorfer Chaussee keine Filiale der Staatsbank der DDR. Ehrlich wie wir waren, fragten wir die Grenzerin, ob es denn eine Sammelbüchse für das Rote Kreuz gäbe. Wir hätten noch Geld von unserem »Zwangsumtausch« (so wurde das ja im Westen allgemein genannt) übrig. Anstatt uns einfach die Büchse hinzuhalten, die es auch tatsächlich gab, herrschte sie uns, dass das ein »Mindestumtausch« sei, da uns niemand zwingen würde, dass Geld umzutauschen.

Returning from a day trip to the Spreewald, my brother and I arrived at the border crossing point Waltersdorfer Chaussee and still had some of the 25 Marks left which we had had to exchange on entering GDR territory that morning. It was strictly prohibited to "export" or to "import" GDR notes and coins. Generally, you had to show your purse to the border guards to prove that you weren't exporting any, something I already found quite humiliating as my purse is nobody else's business. However, there was a legal way of keeping surplus funds by opening a so-called deposit account before leaving the GDR. You had to go to a branch of the State Bank and pay in the money which you could then draw out again during your next visit to East Berlin. This had the advantage that you then had more to spend on books or whatever than the obligatory 25 Marks GDR currency.

Well, there was no branch of the State Bank at the checkpoint Waltersdorfer Chaussee. Honest as we were, we asked the lady customs officer whether they had a Red Cross collecting tin. As we still had some of our "Zwangsumtausch" (compulsory currency exchange, the term used in West Berlin) we wished to donate it. Instead of just proffering the tin, which they did actually have, the officer got furious and snapped, It was a "minimum exchange" and nobody forced us to exchange anything.

25. März 1986
Neukölln
Waltersdorfer Chaussee

Der viereckige Turm innerhalb der Sicherungsanlagen war der Sitz des diensthabenden Kommandeurs Grenzsicherung (KGS) des Abschnitts 2 des Grenzregiments 33 Treptow.
Hier waren alle durch den Grenzsignalzaun (GSZ) elektrisch gesicherten Felder des Abschnitts vernetzt. Eine Auslösung von Grenzalarm (z. B. durch das Berühren von Drähten des Zaunes) war per Licht- und Tonsignal sichtbar. Der Ort der potenziellen Grenzverletzung konnte so metergenau bestimmt werden. Die Operativen Sicherungsmaßnahmen, der Wechsel von Postenpaaren zu anderen Standorten, der Dienstbeginn und die Ablösungen wurden von diesem Turm aus geleitet.

The square tower on the border strip was the command post of the border security duty commander of section 2, border regiment 33 Treptow. It contained the controls of all the electrically secured stretches of this sector of the "Grenzsignalzaun" (GSZ), the border signalling fence. Alarms were triggered for example by someone touching the fence and transmitted as light and sound signals. In this way the exact spot of the potential border violation could be determined. The "operative security measures", the shifting of pairs of guards to other posts, duty periods and changing of guards was controlled from this tower.

25. März 1986
Neukölln
Nahe dem Matthäusweg

25. März 1986
Neukölln
Klein-Ziethener Weg

Die Groß-Ziethener Chaussee führt direkt an die Stadtgrenze, wo sie dann in die Rudower Chaussee übergeht. Vor 1989 war hier also Schluss. Ganz in der Nähe befindet sich noch immer der Zwickauer Damm. An dessen Ende befand sich eine kleine Kneipe, »Bunkerstübchen« hieß sie wohl.
Eines Nachts, so um das Jahr 1988, ich hatte wieder einmal Dienst in der Funkbetriebszentrale der Berliner Polizei, rief die Wirtin über Notruf 110 an und teilte mir mit, vor ihr stünde ein östlicher Grenzsoldat. Ich weiß nicht mehr, ob mit Waffe oder nicht, aber in diesen Fällen war bei uns absolute Geheimhaltung angesagt. Tatsächlich war einer geflüchtet. Ich wünschte mir damals, es möge ihm für sein weiteres Leben gut gehen. Was wohl aus ihm geworden ist?

The Gross-Ziethener Chaussee in Rudow runs in a straight line to the city boundary from where it continues as Rudower Chaussee. Before 1989 this was the end as far as West Berliners were concerned. Just around the corner is Zwickauer Damm at the end of which was a small pub by the name of "Bunkerstübchen" (little bunker parlour), I think.
One night – it must have been around 1988 – when I was on duty at the radio operating headquarters of the West Berlin police, the landlady called the emergency number 110 and told me there was a GDR border guard standing in front of her. I can't remember whether she said he was carrying a gun, but such cases had to be handled as top secret. The guard had, in fact, escaped, and I remember wishing him well to myself. I wonder what has become of him.

25. März 1986
Neukölln
Groß-Ziethener Chaussee

25. März 1986
Neukölln
Groß-Ziethener Chaussee

Meine erste große Liebe wohnte in der Ringslebenstraße. Oft bin ich mit dem 91er Bus zu ihr gefahren und an jener Endstation an der Mauer ausgestiegen. Der erste Kuss meines Lebens fand gewissermaßen im Schatten der Mauer statt. Dies erklärt mein, sagen wir, ambivalentes Verhältnis zur Mauer. Für mich (Jahrgang 1972) hatte die Mauer vor diesem Hintergrund auch eine gewisse romantische Komponente. MATTHIAS BORN

My first love lived on Ringslebenstrasse. I often took the number 91 bus to see her and got off at the terminal station by the Wall. The first kiss of my life happened in the shadow of the Wall, so to speak. This explains my somewhat ambivalent attitude to this structure. As I was young (born in 1972) and in love at the time, my memories of the Wall also have a certain romantic element. MATTHIAS BORN

25. März 1986
Neukölln
Kölner Damm

25. März 1986
Neukölln
Ringslebenstraße

Lichtenrade – 13. August 1961. Am Ende der Beethovenstraße, keine 200 Meter von unserer Haustür entfernt, verlief die Zonengrenze. Sie war damals nur durch einen verrosteten Stacheldrahtzaun gesichert. Die S-Bahn fuhr noch weiter bis Rangsdorf, doch für West-Berliner war diese Fahrt nicht ratsam, denn wir durften nicht in die »Zone«. Verpasste man den Ausstieg in Lichtenrade, wurde man in Mahlow aus dem Zug geholt, befragt und zurückgeschickt. Das konnte schon mal ein bis zwei Stündchen dauern.

Wie an jedem Sonntag trafen wir uns – Jungen, alle so um die 15 Jahre alt – im Wäldchen zum Fußballspielen. Unser Bolzplatz lag zwischen hohen Kiefern nur wenige Meter von der Grenze entfernt. Herrlich weicher Waldboden und kräftige Kiefernstämme als Torpfosten. Mutters Wäscheleine wurde dazwischen gespannt, so hoch die Arme reichten.

Doch dieser Sonntag unterschied sich von den anderen. Das sonst um diese Zeit so verschlafene Lichtenrade war schon hellwach. Auf den Grenzgrundstücken und Waldwegen waren viele Anwohner unterwegs und auf der anderen Seite des Stacheldrahtes jede Menge Grenzsoldaten und Fahrzeuge. Von allen Seiten hörten wir, die Grenze wird dichtgemacht. Wir vergaßen Ball und Leine und versammelten uns an vorderster Front. Schon bald kamen die Amis. Nicht wie sonst in einem Jeep – manchmal hatten sie bei uns angehalten, um uns zuzusehen. Meist gab es dann ein paar Kaugummis. Nein, diesmal waren es gleich mehrere Jeeps und der MG-Schütze lag nicht ausgestreckt auf dem Rücksitz, sondern stand aufrecht mit beiden Händen an seiner Waffe.

Das war für viele Stunden sehr spannend für uns, aber auch sehr traurig, denn bald wurde mir klar, es war Schluss mit Obstkuchen bei Tante Toni in Pankow und den Büchern von Tante Lilo in Friedrichshain.

Location: Lichtenrade / Date: 13 August 1961. At the end of Beethovenstrasse, not 200 metres from our house was the sector border. At that time it was secured merely by a rusty barbed-wire fence. Though the S-Bahn continued to Rangsdorf, it was not advisable for us "West Berliners" to stay on board because officially the "Zone" was off-limits for us. If you forgot to get off at Lichtenrade, you were picked off at Mahlow and sent back. This could take an extra hour or two.

That Sunday, we boys, all of us about fifteen, met as usual in the little wood to play football. Our pitch was a clearing between tall pine trees just a few metres from the border, with wonderfully springy forest soil and strong tree trunks for goal posts and my mother's washing line strung up between them as far up as her arms would reach.

Yet this Sunday was different from all the previous ones. Suburban Lichtenrade, at this early hour normally still asleep, was already wide awake. Many people walked along the forest paths and across the plots directly on the border to watch the great number of border guards and vehicles on the other side of the barbed wire. Everybody said, they're shutting the border. We boys forgot both ball and washing line and gathered at the front line instead. Soon the "Amis" (Americans) arrived, too, not just with one jeep as usual, when they stopped to watch our football and give us chewing gum. No, this time they came with several jeeps, and the private with the machine gun not casually seated in the back, but standing to attention, both hands on his gun. For many hours, we witnessed an exciting, but also very sad scene. I soon realised that this meant the end of the afternoons with fruit cake at Aunt Toni's in Pankow and the books from Aunt Lilo in Friedrichshain.

19. Januar 1986
Tempelhof
Siekeweg

Ein Aussichtsturm in Lichtenrade. Mein Cousin Helmut und ich wohnten nur ein paar Straßen entfernt. Wenn wir auf dem Nachhauseweg von der Schule oder nach dem Einkaufen bummeln wollten, haben wir oft diesen Weg gewählt, um dort raufzuklettern.
Wohlige Schauer liefen uns den Rücken hinunter, wenn wir in »den Osten« hinüberblickten. An dieser Stelle hätte es ebenso gut der Mond sein können, so unmöglich war es, dort rüberzukommen. Manchmal schnitten wir den Soldaten auf dem Wachturm »im Osten« Gesichter. Wir konnten ja sehen, dass sie ihre Ferngläser auf uns gerichtet hatten. Wir diskutierten kaltblütig, ob sie uns wohl aus der Entfernung erschießen könnten und ob sie würden.
Die Grenze war fester Bestandteil unserer Kindheit, integriert in unsere Spiele und die nachmittäglichen Züge durch die Landschaft. Die Selbstverständlichkeit, mit der wir als Kinder mit dieser unnatürlichen, bizarren Situation umgingen, erschreckt mich heute. SYLVIA HORNE

Lookout tower in Lichtenrade. My cousin Helmut and I lived only a few streets away from it. Walking home from school or from the shops, we often decided to make a detour to climb the tower to enjoy shudders of suspense while looking over to "the East". Seen from this spot, it might have been the moon for all the chance we had of ever going there. Sometimes we made faces at the soldiers in the watch-tower. We could see that they focussed their field glasses on us. Cold-bloodedly, we discussed whether they could shoot us dead – and whether they would. The Wall was an integral part of our childhood, of our games and afternoon expeditions to the countryside. Thinking back, I am shocked about the natural ease with which we as children took this unnatural, bizarre situation in our stride. SYLVIA HORNE

8. Dezember 1985
Tempelhof
Prinzessinnenstraße

Ich bin Jahrgang 1951. Teltower. Mein Onkel, damals beim (West-Berliner) Senat beschäftigt, hatte mir im Sommer 1961 ermöglicht, an einem Zeltlager auf der Havelinsel Schwanenwerder in West-Berlin teilzunehmen. Eine tolle Sache.
Bis zum 13. August 1961. Es war in den frühen Vormittagsstunden, wir tobten und spielten. Da steht plötzlich meine Tante neben mir und sagt ganz aufgeregt: »Los, pack deine Klamotten. Die haben die Grenze dichtgemacht!« Hals über Kopf haben wir alles zusammengerafft und uns dann in Richtung Grenze bewegt – genau bis an die Stelle auf diesem Foto. Dort hat mich meine Mutter nach stundenlangen Telefonaten dann abgeholt. Ich bin durch das berühmte Loch im Stacheldraht in den Osten gestiegen. Vorher wurde ich gefilzt wie ein Strafgefangener.

I was born in 1951 and grew up in Teltow. In the summer of 1961 – when crossing the sector borders was still possible – my uncle, then employed by the West Berlin Senate, had arranged for me to participate in a youth camp on the Havel island of Schwanenwerder (West Berlin). It was fantastic – up until 13 August 1961. It was early morning, we were playing and romping around when suddenly my aunt came up to me, all flustered, and said, "Quick, quick, get packed! They've shut the border!" We snatched up all my things, helter skelter, and went to the border crossing – the precise spot on this photo. My mother came to fetch me there after having hung on the telephone for hours. I literally went through the famous-infamous hole in the barbed wire, back to "the East", not without having been frisked like a criminal.

17. November 1985
Steglitz
Ostpreußendamm

17. November 1985
Steglitz
Nahe dem Ostpreußendamm

Ich wuchs in Teltow in der DDR auf und konnte täglich aus dem Küchenfenster meiner Eltern auf diese Brücke sehen. Dabei wuchs in mir der Wunsch, dort einmal hinübergehen zu können. Zwei ehemaligen Schülern aus meiner Schule gelang es, an dieser Brücke zu fliehen – durch das Wasser an einem kalten Novembertag. Später nach der Wende, als die neue Knesebeckbrücke eingeweiht wurde, war ich natürlich dabei. Diese alte, dann baufällige Knesebeckbrücke habe ich leider nie betreten.

I grew up in Teltow in the GDR and from our kitchen window I looked out over this bridge every day. I longed to be able to cross it one day. Two former students from my school had managed to escape from the GDR by swimming through the Teltow Canal right next to the bridge, on a cold November day. Much later, when the GDR had ceased to exist and the new Knesebeck Bridge was inaugurated, I was, of course, one of the party and walked over it to Zehlendorf, but I still regretted never having been able to step onto the old, dilapidated one.

17. November 1985
Zehlendorf
Teltower Damm

Ich bin in der DDR aufgewachsen und wusste, dass in den Gebieten, die auf der DDR-Seite bis an die Grenze führten, natürlich nur Altgediente der Grenztruppen oder der Stasi (Staatssicherheit) wohnten. Besuchen konnte man die Familien dort in den Häusern nur, wenn man einen entsprechenden Passierschein hatte. Kurz nach der Wende lernte ich durch meine »Fastschwiegermutter« jemanden kennen, der an der Mauer wohnte. Sie hatte damals einen (Polit-)Offizier der Grenztruppen kennen gelernt und war kurz vor der Maueröffnung dorthin gezogen. Ich und meine Freundin hatten nach dem Mauerfall dann die Möglichkeit, die beiden zu besuchen – nun auch ohne Passierschein.

Das Grundstück endete rechts direkt mit der Mauer. Sofort kamen in mir Fragen auf wie: Was hätte ich getan, wenn ich vor der Wende einen Passierschein bekommen hätte, um meine Schwiegereltern in spe zu besuchen? Hätte ich mir die Drei-Meter-Leiter von der Hauswand genommen? Hätte ich jemanden informiert (meine Freundin) oder gar jemanden mitgenommen? Aber selbst wenn ich »rübergehopst« wäre; wahrscheinlich hätte mein Schwiegervater seine Knarre aus der Blumenvase geholt und mich allerspätestens von der zweiten Mauer geblasen, ohne mit der Wimper zu zucken.

Später erfuhr ich dann auch noch, dass mein Schwager genau hier in diesem Grenzabschnitt seinen »Grundwehrdienst« ableisten musste. Man kann sich ja vorstellen, was mein Versuch, die »Grenzanlagen« zu überwinden, für meine Familie für Auswirkungen gehabt hätte. Meinem Schwager hätte die Stasi mächtig Ärger gemacht, wegen Geheimnisverrat und so weiter.

I grew up in the GDR and knew that only long-service veteran BGs (border guards) and Stasi people lived in the areas immediately adjoining the Wall. One could only visit them with a special permit. Shortly after the fall of the Wall, I got to know one of these residents through my girlfriend's mother. She had met a political officer of the border forces some time before and lived with him there. After November 1989, my girlfriend and I were able to visit them for the first time without a permit.

The Wall directly bordered their plot on the right-hand side. I immediately asked myself what I would have done if, before the wall came down, I had been able to get a permit to visit my prospective in-laws. Would I have taken the three-metre ladder from the wall of the house? Would I have informed anybody (my girlfriend?); would I have taken anyone with me? But even if I had "hopped across" to West Berlin, my future father-in-law would probably have taken his gun from the flower vase and blown me off, at the latest from the second wall, without batting an eyelid.

Later on I was told that during his national service my girl-friend's brother was deployed in precisely this border sector. You can imagine the consequences my attempt to overcome the "border fortifications" would have had for my family. The Stasi would really have given my girlfriend's brother hell for "divulgence of national secrets" and all the rest.

13. Oktober 1985
Zehlendorf
Jägerstieg

Am Böttcher Berg befand sich eine so genannte Exklave. Die kleine Siedlung gehörte zu Potsdam, also zur DDR, war aber von drei Seiten vom West-Berliner Stadtbezirk Zehlendorf umschlossen. An der vierten Seite lag der Griebnitzsee, über den eine schmale Brücke führte: die einzige Zugangsmöglichkeit von Potsdam-Babelsberg aus.
Als »normaler« DDR-Bürger kam man dort nicht hin. Die Bewohner benötigten einen Passierschein, um zu ihren Häusern zu gelangen. Den mussten sie an einem Wachhäuschen vorzeigen, das sich an der Zufahrtsstraße vor der Brücke befand. Freunde und Bekannte zu sich einzuladen, war demnach so gut wie unmöglich.
Für die West-Berliner war diese waldreiche Gegend in unmittelbarer Nähe der Glienicker Brücke ein beliebtes Ausflugsziel. Einige Wanderwege führten um die Exklave herum, direkt an der Mauer entlang. Ein Kopfsteinpflasterweg, die ehemalige Straße von Berlin, endete am Beton.
Von einer Anhöhe am Böttcher Berg hatte man teilweise eine gute Sicht auf die eingeschlossenen Häuser, und wenn man dort mit Freunden entlang lief, gingen jedes Mal die wilden Spekulationen los, wer denn an einer solch sensiblen Nahtstelle zwischen Ost und West wohl wohnen dürfe.

Here, at the foot of the Böttcher Berg (hill), was a so-called enclave, the small village of Klein-Glienicke, part of Potsdam, GDR, but enclosed on three sides by the West Berlin borough of Zehlendorf. Lake Griebnitz formed the fourth side, and a narrow, single-lane bridge was the only access route to the enclave. You could not go there as a "normal" GDR citizen. The inhabitants needed a special pass to reach their houses. They had to present it at a small checkpoint on the street right next to the bridge on the Potsdam embankment. It was therefore almost impossible to invite friends round to your home.
Among the people of West Berlin the wooded area around the Böttcher Berg, very near the Glienicke Bridge, was popular for weekend walks. Some paths led around the enclave right along the Wall, and the old cobblestone road from Berlin was blocked by it.
When you stood at a certain height on Böttcher Berg, you had quite a good view of the houses encircled by the Wall, and when we walked there with friends, we always entered into wild speculations about who might be allowed to live in such a sensitive place between East and West.

17. August 1985
Zehlendorf
Am Böttcher Berg

Seit meiner frühesten Jugend habe ich in der DDR mein Hobby, den Tauchsport ausgeübt. Irgendwann, ich war so um die siebzehn Jahre alt und wohnte in Staaken, immer die Mauer vor Augen, gab es kaum noch reizvolle Tauchmöglichkeiten. Überall Einschränkungen, Verbote, dazu eine schlechte Ausrüstung. Ich wollte aber unbedingt mein Hobby zum Beruf machen. Also bewarb ich mich und bekam auch die Zusage für einen Ausbildungsplatz zum Bergungstaucher.

Meine Welt schien in Ordnung, bis der Sohn eines hohen Genossen die gleichen Ambitionen hatte. Mein Ausbildungsplatz war auf einmal nicht mehr verfügbar. Für mich brach eine Welt zusammen! Mein damaliger Freund (F.M.) hatte auch seine Probleme mit unserem Vaterland, und so kam es wie es kommen musste: Man sprach, man redete sich heiß, und es wurde ein Plan geboren, wie man dem Übel aus dem Weg gehen könnte. Mein Freund hatte die Idee, ich die Erfahrung und die Beziehungen. Wir haben uns illegal die Tauchausrüstung besorgt und sind wochenlang immer wieder an der Grenze entlang gelaufen, um eine passende Stelle für unser Vorhaben zu finden. Schließlich entschieden wir uns.

In der Nähe der Glienicker Brücke fanden wir eine gute Stelle um »rüberzumachen«. In einer Aprilnacht 1980 ging es dann los. Zwischen 21.00 und 22.00 Uhr zogen wir die Tauchklamotten an und gingen in der Nähe der Gerichtslaube ins Wasser. Es sollte zu schaffen sein, 1000 Meter zu tauchen, selbst bei einer Wassertemperatur von 4 Grad. Wir hatten leider nicht die Möglichkeit, unsere Tauchflaschen vorher noch füllen zu lassen, und so mussten wir es mit halb- bzw. viertelvollen Flaschen wagen. Den Zaun, der im Wasser Ost und West trennte, wollten wir mit einem Bolzenschneider öffnen, um durchzutauchen.

Das kalte Wasser machte uns aber einen Strich durch unseren schönen Plan. Der Luftverbrauch war dermaßen hoch, dass, als wir am Zaun ankamen, die Flaschen restlos

From my earliest childhood (in the GDR) I practised diving as a hobby. There came a point in time – I must have been seventeen and lived in Staaken, always with the Wall in view – when I had exhausted all the attractive places for diving, coming up against restrictions and prohibitions everywhere. In addition the available equipment was poor. Yet I was determined to make my hobby my profession and applied for and was granted a training contract as a rescue diver.

Everything seemed to be going my way, but then the son of a high-ranking Comrade had the same professional ambitions. All of a sudden, there was no training place for me any more. For me this was the end of everything. A friend of mine (F.M.) also had problems with his fatherland, and things took their course: we talked till our heads were spinning and developed a plan how to escape this evil.

My friend had the idea, I had the experience and the connections. We procured the diving equipment, illegally, and for weeks walked along the border in search of a suitable spot for carrying out our plan. We finally chose a good one for "going over". One night in April 1980 we started out, put on our diving suits between 9 and 10 p.m. and went into the water near the Gerichtslaube (a folly in the Babelsberg park).

We thought we should manage to swim under water over 1,000 metres, even with a water temperature of only 4 degrees. Unfortunately we had been unable to fill our oxygen flasks before leaving and had to try our luck with them half or a quarter full. We had thought of using a bolt cutter to make a hole in the fence separating East and West, but the cold water wrecked this plan. We used up so much oxygen that the flasks were completely empty when we reached the fence. In addition, the border guards had already spotted us. Air bubbles are very telling.

There we were, stopped by the fence, and now people on the West Berlin side started to notice us, too. The head-

17. August 1985
Zehlendorf
Glienicker Brücke

leer waren und wir auch bereits von den Grenzorganen bemerkt worden waren. Luftblasen sind sehr verräterisch. Wir hingen am Zaun fest. Aber auch auf westlicher Seite wurde man schon auf uns aufmerksam. Mehrere Autos richteten ihre Scheinwerfer auf das Wasser. In der Zwischenzeit kam aus dem »Westen« ein Boot auf den Zaun zugefahren. Wir freuten uns, vielleicht kam da ja Hilfe!? Bis man dann im Licht der Grenzsicherungsanlagen die Hoheitsflagge am Heck erkennen konnte. Schwarz-Rot-Gold – aber mit Hammer und Sichel. Wo kam das Boot her? Nun war unsere ganze Hoffnung dahin. In dem Zaun gab es ein elektrisch betriebenes Tor, durch das das Boot in den »Osten« gefahren kam, um uns einzusammeln.

Nach vorne ging es nicht mehr. Da war der Zaun, und wir hatten keine Luft mehr in den Flaschen. Zurück ging es auch nicht mehr. Auf beiden Seiten der Havel waren mehrere Einsatzfahrzeuge (W 50 Mannschaftswagen).

Aus der Traum von Freiheit und Tauchen. Nach ca. 50 Minuten haben sie uns dann aus dem Wasser geholt und abgeführt. Wir wurden verurteilt, einmal zu 3 Jahren und einmal zu 3 Jahren und 9 Monaten Freiheitsentzug.

Es ist nun schon so viele Jahre her (22 Jahre im April 2002). Aber ich bin mindestens einmal im Jahr an »unserer Stelle«, und es kommen immer noch so viele Erinnerungen und Gefühle hoch. Das größte Geschenk in meinem Leben war der 9. November 1989.

Im Gedenken an alle die ihr Leben gelassen haben und Danke an alle, die die Mauer zum Einsturz gebracht haben.

lights of several cars lit up the water surface. Then a boat approached us from the "West". We were happy thinking that this would mean help – until we recognised the flag in the stern of the boat. It was black-red-gold all right, but with hammer and sickle in the centre. Where did the boat come from? Our hopes were dashed. There was an electrically operated gate in the fence for the boat to enter the "East" to fish us out. There was no way forward, with the fence and empty oxygen flasks. The way back was blocked, too. Several W 50 police vans had drawn up on both sides of the Havel. That was the end of our dreams of freedom and diving. Fifty minutes later they lifted us out of the water and marched us off. We were subsequently condemned to three years and three years and nine months deprivation of liberty.

Since then a long time has passed (twenty-two years in April 2002), but at least once every year I return to "our spot" reliving my memories and emotions. The biggest gift I ever received in my life was the 9th November 1989.

In memory of all those who lost their lives, and in gratitude to those who tore down that Wall.

15. November 1989
Zehlendorf
Glienicker Brücke

Während auf der Ostseite der Havel – geographisch gesehen eigentlich die Westseite – das Betreten des Strandstreifens im schlimmsten Fall zum Tod geführt hätte, befand (und befindet sich ja noch immer) auf der Westseite (also der Ostseite) der Schlosspark vom Schloss Glienicke. Hier traf sich unsere »Englandtruppe« oftmals an einem sonnigen Sonntag zum großen Picknick.
Die »Englandtruppe«, das waren etwa 20 Leute, die sich 1984 bei einer Familienfreizeit des Bezirksamtes Wilmersdorf im englischen Bournemouth kennen gelernt hatten und die – im Kern – bis heute engen Kontakt haben.
Auf einer großen Wiese packten wir die Decken aus, holten die ganzen Fressalien aus den Kühlboxen, spielten Federball oder Frisbee.
Ich war schwer verliebt in ein Mädchen aus dieser »England-Truppe«. Leider verlief das aber wie so oft ziemlich einseitig. Das führte dazu, dass ich in einen der Bäume dort ein großes Herz ritzte (ja, ich gebe es zu). Doch so wie die Situation nun mal war, musste ich die Initialen auf der rechten Seite des »und« weglassen.
Nicht eine Sekunde dachte ich darüber nach, dass sich am anderen Ufer eine stacheldrahtgesicherte Zonen- oder Staatsgrenze befand. Viel zu normal und irgendwie selbstverständlich war die ganze Situation geworden.
Vor einiger Zeit bin ich mal wieder dort gewesen. Das Herz existiert immer noch, nur ist es jetzt viel größer und bemoost – und auf der anderen Seite der Havel gehen jetzt Menschen spazieren.

While trespassing on the politically east – geographically west – side of the river Havel would at worst have been deadly, people could (and still can) enjoy walking in the Schlosspark Glienicke, the parkland around small royal pleasure houses in the south-western corner of Berlin. This is where our "England Group" quite often met on a sunny Sunday for a picnic. The "England Group" was about twenty people who had got to know each other during a family holiday course in Bournemouth, organised by the borough of Berlin-Wilmersdorf. The core members of the group still keep in touch today. We always went there with rugs, picnic cooling boxes and badminton or frisbee gear to eat, drink and be merry on one of the vast meadows there.
I was madly in love with one of the "England" girls, but unfortunately, as is so often the case, unhappily. I cut a large heart into the bark of one of the trees (yes, yes, I admit it), but had to leave out the initials of the girl on the right of the "and".
Not for a second did I think of the fact that there was a national border or "occupied-zone" border protected by barbed wire just across the Havel. The whole situation had become much too "normal" and a familiar part of our lives. A little while ago I returned to the park. The heart is still there, now larger and mossy – and there are people going for walks on the other side of the Havel.

17. August 1985
Zehlendorf
Haveluferweg

Während meiner Schulzeit hatte ich in der Oberstufe ein Semester lang Rudern als Sportfach gewählt. Unser Vierer mit Steuermann startete beim Ruderhaus am Kleinen Wannsee. Über den Großen Wannsee ging es wieder zurück. Östlich der Pfaueninsel, die wir dabei umrudern mussten, verlief die Grenze in der Mitte der Havel. Der Grenzverlauf war durch Grenzbojen markiert. In der Regel waren das schwarz-rot-gold bemalte Tonnen mit dem Hoheitszeichen der DDR: Hammer und Zirkel im Ährenkranz. Wir mussten auf jeder Fahrt aufpassen, dass wir sie auf der »richtigen« Seite passierten.

When a sixth-former, I had chosen rowing as a sports subject for one term. Our four with a coxswain started from the Rowing House on the Kleine Wannsee and returned to it via the Grosser Wannsee (the river Havel flowing through the latter). East of the Pfaueninsel (Peacock Island), which we had to pass, the border ran right through the middle of the Havel. It was marked by buoys, generally steel drums painted black-red-gold with the GDR emblem in the middle: hammer and sickle framed by a wreath of ears. We always had to make sure we passed these buoys on the "right" side.

18. August 1985
Zehlendorf
Havel, nahe der Pfaueninsel

18. August 1985
Zehlendorf
Havel, nahe der Pfaueninsel

Wenn wir von Charlottenburg aus einen Badeausflug unternahmen, ging es immer zum Glienicker See. Wir Berliner Kinder wussten dann, dass wir bis zum See eine für uns »weite«, schöne Fahrt vor uns hatten. Zum Schluss verlief die Fahrt wie gewohnt immer rechts an der Mauer entlang. Die Mauer war aber durch die grünen Bäume und Büsche kaum zu sehen. Außerdem schauten wir sowieso »vorfreudefröhlich« links aus dem Fenster und genossen den warmen Sommerwind und den ländlichen Anblick der Rieselfelder.

Der Glienicker See hatte in der Mitte Bojen. Die so genannten Grenzbojen erschienen uns Kindern aber ungefähr so harmlos wie die Markierung eines Nichtschwimmerbeckens. Natürlich wussten wir von den »Bekloppten«, wie wir Kinder die Grepos (Grenzpolizisten) nannten, die auf der anderen Uferseite in ihren Türmchen saßen und mit Ferngläsern zu den Badenden glotzten. Manchmal winkten wir übermütig und streckten an den Bojen hängend die Zungen raus.

Jedoch kann ich mich gut an eine unserer Luftmatratzen erinnern, die im allgemeinen Getobe mit Matratze und Boje wegdriftete, und keiner von uns wagte, sie zurückzuholen. Schließlich schwamm sie hinter der Boje. Da zeigten die elterlichen Warnungen, dass die »Bekloppten« vielleicht schießen würden, dann doch ihre Wirkung. Im Übrigen schwammen an schönen Tagen immer zahlreiche Wasserbälle einsam in der Verbotszone – was bestimmt viele Tränen gekostet hat.

MANON KITTER

Living in Charlottenburg we always drove to Lake Glienicke when we wanted to bathe in one of the many Berlin lakes. We children knew this meant a "long", wonderful trip. On the final stretch the Wall ran parallel to the right of the road, much of it hidden behind trees and shrubs. In any case, we looked out of the window to the left, full of happy anticipation, and enjoyed the warm summer breeze and the rural aspect of the irrigation fields.

There were buoys in the middle of the lake, so-called border buoys. To us children they appeared just as harmless as the buoys used to mark the non-swimmer areas in public baths. Of course, we knew about the loonies, as we called the border guards who sat in their watch-towers on the other side of the lake and stared at the bathers through their field glasses. Sometimes, full of fun and beans we waved to them or stuck our tongues out at them while clinging to the buoys.

I clearly remember one time when, during our vigorous splashing and fun and games, one of our air beds drifted off and finally floated beyond the buoys. None of us dared to go and retrieve it. This at last made us listen to our parents' warnings that the "loonies" would perhaps shoot at us if we went too far. On fine days there were always a number of "stray" plastic balls trundling about in the prohibited zone – probably the cause of many tears.

MANON KITTER

21. April 1985
Spandau
Glienicker See

Ich bin dort auf der Westseite, in Spandau, aufgewachsen. Quasi diese Perspektive ist eine meiner frühesten Kindheitserinnerungen. Mein Vater hatte mich auf dem Arm. Wir schauten in den Osten, sahen auch in etwa diese Richtung. Ein West-Berliner Polizist schickte aber alle Gaffer wie uns wieder auf das Westgebiet zurück. Der Finkenkruger Weg war in der Mitte geteilt. Die eine Hälfte gehörte bereits zur DDR und die andere Seite zu West-Berlin.
Zwar gab es im Osten nichts weiter zu sehen, aber man machte üblicherweise auf dem all-sonntäglichen Spaziergang Halt an der Mauer. Später, auf unseren Radtouren entlang der Mauer, fuhren wir dort auch gern vorbei, weil man eben prima rübergucken konnte.
Rechts von den Bahnschienen wohnten direkt am Stacheldraht Leute aus dem Osten. Die waren so nah, dass wir ihnen zusehen konnten. Umgekehrt wurden wir von den Grenzpolizisten beobachtet, die mit Ferngläsern zu uns in den Westen gegafft haben. FLORIAN GÖRSDORF

I grew up on the (politically) west side of the wall, in Spandau. One of my earliest childhood memories is of me on my father's arm and us looking "east", that is west into the GDR, approximately in this direction. However, a West Berlin policeman used to send all onlookers like us back to West Berlin territory. Finkenkruger Weg was divided right down the middle, one side belonging to West Berlin, the other to the GDR.
Although there was nothing much to see in the "East", we all stopped at the Wall as a matter of course on our Sunday walks. Later on, on our bicycle tours along the Wall, we liked to pass this spot because here we had a good view. To the right of the railway track there were GDR people living right next to the barbed-wire fence. They were so close that we could watch what they were doing. Of course, we were watched as well – by the border guards who scanned us in the "West" through their field glasses. FLORIAN GÖRSDORF

9. Februar 1985
Spandau
Eichholzbahn

2. Dezember 1984
Spandau
Schönwalder Allee

9. Februar 1985
Spandau
Finkenkruger Weg

Aufgrund der West-Berliner Exklave Große Kuhlake knickte die Mauer in diesem Bereich Richtung Falkensee ab. Kuhlake war ein mehrere hundert Meter langes und zwischen hundert und vierhundert Meter breites Gebiet, das umgeben von DDR-Territorium wenige Meter außerhalb des West-Berliner Stadtgebietes lag. Die Grenze Richtung Eiskeller und zwischen der Großen Kuhlake und dem West-Berliner Stadtgebiet bestand nur aus einem Stacheldrahtzaun. Das Gebiet war unbewohnt. Die eigentlichen Grenzanlagen befanden sich von West-Berlin aus hinter der Großen Kuhlake, durch die Mauer gesichert. Gelang es Flüchtlingen in die Große Kuhlake zu fliehen, wurde bei den Grenztruppen die »Variante Große Kuhlake« ausgelöst. Die Exklave wurde dann rundherum abgeriegelt.

Due to the position of the West Berlin enclave of Grosse Kuhlake, the Wall took a sharp turn here towards Falkensee. The enclave was several hundred metres long and between one and four hundred metres wide, surrounded by GDR territory and at just a few metres distance from West Berlin territory. The border northwards towards Eiskeller and between Grosse Kuhlake and West Berlin merely consisted of a barbed-wire fence. The area was uninhabited. Seen from West Berlin, the fortified border, i.e. the Wall, was beyond Grosse Kuhlake. When GDR citizens succeeded in escaping to this territory, the GDR border guards set off the "Grosse Kuhlake" alarm and security measures: the enclave was completely sealed off on all sides.

6. Dezember 1984
Spandau
Eiskeller

6. Dezember 1984
Spandau
Nahe der Radelandstraße

Ich war 1986 bei den Grenztruppen der DDR als Grenzposten auf diesen Türmen eingesetzt. Die Dienstzeit betrug zwischen acht und neun Stunden. Im Winter war es dort so zugig und kalt. Wir besorgten uns Heizspiralen, die wir auf den Türmen anklemmten. Die Spiralen hatten aber einen immensen Stromverbrauch. So schafften wir es, dass in einer besonders kalten Nacht das Stromnetz der Grenzanlage des Abschnitts zusammenbrach. In der Folge gab es dann sofort Razzien nach diesen Heizspiralen.

In 1986 I served as a GDR border patrolman and was deployed on the watch-towers. We were on duty for eight to nine hours at a stretch. In winter the tower lookouts were very draughty and cold. We organised heating coils which we clamped to the structure. These consumed huge amounts of electricity so that, one particularly cold winter's night, there was a general power failure in our sector of the border – which very soon led to round-ups aimed at finding and removing the coils.

6. Dezember 1984
Spandau
Eiskeller

6. Dezember 1984
Spandau
Eiskeller

Das ist der Eingang zu zwei Kleingartenkolonien. Die beiden Kolonien Erlengrund und Fichtewiese waren exterritoriales West-Berliner Gelände. Es lag umzäunt inmitten des Grenzstreifens. Um zu ihren Gärten zu gelangen, mussten die Laubenpieper die Grenze passieren. An der Eingangstür in der Mauer befand sich in den siebziger Jahren eine Klingel. Dort mussten sich die Kleingärtner anmelden. Abends wurde die Tür geschlossen, ich glaube im Sommer gegen 20 Uhr. Drei Grenzer waren dazu abgestellt worden, darunter ein Offizier, der über den Schlüssel verfügte. Er wurde genau von den anderen beiden beobachtet, die sich einige Meter entfernt von der Mauer aufgestellt hatten.
Der Weg zu den Kolonien war damals ein schmaler Plattenweg, der an einem Postenhäuschen vorbeiführte. Dort mussten sich die Kleingärtner ausweisen. Auf der Ecke fast am Havelufer befand sich ein Wachturm.

This is the entrance to two allotment garden colonies, Erlengrund and Fichtewiese, which were West Berlin enclaves surrounded by GDR territory, in fact encircled by the border strip. The owners had to pass the border controls in order to reach their gardens. Throughout the 1970s, there was a doorbell at the door in the Wall. This is where the gardeners had to register. In the evenings, the door was shut, if I remember correctly, towards 8 p.m. in the summer. Three border guards were on duty, one of them the officer who kept the key. He was watched very closely by the other two posted at some metres from the Wall.
At that time, you had access to both colonies via a narrow stone-slab path which passed a sentry hut where the allotment gardeners had to show their identity cards. On the corner, almost on the Havel embankment, stood a watch-tower.

18. November 1984
Spandau
Nahe der Niederneuendorfer Allee

Auf dem nicht mehr genutzten S-Bahndamm nach Hennigsdorf lagen noch die alten, völlig überwucherten Schienen. Und sogar die alten Signale standen dort inmitten der Bäume.
Vom Damm aus hatte man einen guten Blick über den Grenzstreifen. Hier befand sich an einem Betonpfeiler ein kleiner grauer Kasten mit vermutlich einem Telefon darin. Ich bin hier häufig zum Pilze sammeln gewesen und habe diverse Mal einen Grenzer an dieser Säule stehen sehen.
Das Tor in der Mauer diente den Grenzsoldaten als Zugang in den Todesstreifen. Offensichtlich war es die Zufahrt zu einem Wachturm, der ganz in der Nähe auf eine alte Bahnbrücke gesetzt worden war. Das war ein skurriler Anblick. Den Bahndamm hatte man wegen der Grenzanlagen abgetragen, aber die alte Brücke stand völlig nutzlos noch immer da. Nun diente sie in Verbindung mit dem Wachturm dazu, den »Überblick« über die Grenze zu behalten. MATTHIAS HOFFMANN

The old, completely overgrown rails were still there on the abandoned S-Bahn city railway embankment of the line to Hennigsdorf. Even the old signal posts still stood amidst the trees.
The embankment afforded a good view over and across the border strip. I could see a small grey box, most probably a field telephone, fixed to one of the concrete masts. On my frequent mushroom-picking forays, several times I saw a border guard standing at this mast.
The door in the Wall was the soldiers' entrance to the death strip and obviously the access to a watch-tower which had been built quite near on top of an old railway bridge. It was the strangest sight: the embankment had been razed to make way for the border fences and no man's land, but the old bridge was still standing. With the watch-tower on top it now enabled the border guards to "study the lie of the land". MATTHIAS HOFFMANN

20. Oktober 1984
Reinickendorf
Nahe der Ruppiner Chaussee

Mein Sohn war acht Jahre alt, als die Mauer fiel. Wir wohnten am Sigismundkorso, ganz in der Nähe des Lichtungsweges und sind oft mit Biscuit, unserem Border-Collie, an der Mauer entlanggegangen. Nicht ohne Hintergedanken, denn es war eigentlich verboten, das Tier ohne Leine laufen zu lassen. Kam ein Polizist auf die Idee, mich deshalb zu verwarnen, gingen wir schnell auf Ost-Gebiet. Da endete seine Macht, wie mehrfach widerwillig zugegeben.

Nachdem die Mauer gefallen war, ging ich mit Hund, Sohn und gleichaltrigem Freund den Lichtungsweg geradeaus durch das herausgehobene Zaunsegment. Es lag Schnee (Januar 1990), und wir achteten darauf, in bereits vorhandene Fußstapfen zu treten. Ich glaubte zwar nicht an Minen direkt an der Stadtgrenze, wollte es aber für die Jungs noch dramatischer machen, als es ohnehin schon war. Wir stiegen also wie Störche in die Vertiefungen von Vor-Läufern, passierten den Sand-(=Schnee-) Streifen, rutschten in den Panzergraben, kletterten wieder heraus, passierten ein weiteres Sand-/Schneefeld, kamen auf den harten Straßenbelag und passierten auch diesen im rechten Winkel. Die Fußstapfen endeten, wir gingen an den Händen gefasst in den sehr locker bewachsenen Kiefernhain. Der Hund vorneweg, wir sehr aufmerksam und vorsichtig.

Plötzlich war der Freund meines Sohnes weg. Einfach so, nach unten aus meinem Griff gerutscht. Auch ohne Ton, er war viel zu überrascht, um zu schreien. Er stand in einem Mannloch oder wie die Schützenloch-ähnlichen Dinger heißen mögen. Da er mit seinen acht Jahren deutlich kleiner war als derjenige, für den das Loch gebuddelt worden war, war er völlig darin verschwunden und guckte mit in den Nacken gelegtem Kopf ziemlich schockiert zu mir hoch. Das Loch war oberflächlich zugeweht worden und damit unsichtbar wie eine Säbelzahntigerfalle der Urmenschen. Ich muss gestehen, dass ich diesen Anblick so komisch fand, dass ich erst einmal lachen musste. Dann habe ich ihn beruhigt und befreit. Wir sind

My son was eight years old when the Wall came down. We lived on Sigismundkorso, just around the corner from Lichtungsweg, and often walked our border collie Biscuit along the Wall – not without an ulterior motive: it was not permitted to let dogs off the lead. When we met a policeman who was obviously just about to admonish us, we quickly stepped onto the strip of GDR territory where his power ended, as reluctantly conceded several times.

After the fall of the Wall, I walked with the dog, my son and a friend of his who was the same age along Lichtungsweg straight through the gap in the wire-mesh fence (around the periphery of West Berlin, the Wall consisted of strong wire-mesh). It was January 1990 and it had snowed. We took care to walk in the footsteps of those who had passed before us. I did not really believe that land mines had been laid right at the city border, but I did not want to make the situation more dramatic for the boys than it already was. Lifting our legs like storks we stepped into the old footprints across the strip of sand (now snow) of no man's land, slid into the anti-tank ditch, scrambled out of it again, crossed another strip of sand (snow) and reached the hard asphalt of a street which we also crossed. The footprints ended, we went on, hand in hand, into the pine grove, the dog ahead of us, watchful and carefully.

Suddenly, the hand of my son's little friend slipped out of mine and he was gone without so much as a squeak. He was too shocked to cry out. There he stood in a "manhole", or whatever these one-man trenches are called. As he was considerably smaller than the grown-ups this hole had been dug for, he had completely disappeared into it and now looked up at me, head bent backwards, in a state of shock. A snow drift had covered it, turning it into a primeval saw-tooth tiger trap. I must admit that I found the sight so funny that I laughed out loud. First I reassured him and helped him out, and then we all hopped into the hole and clambered out again before

7. Oktober 1984
Reinickendorf
Lichtungsweg

anschließend alle mal in das Loch gehüpft, haben unseren Erkundungsausflug aber relativ schnell beendet. Auf unseren Spuren sind wir wieder zurückgegangen.
Die Jungs bestanden noch öfter auf Expeditionen ins Unbekannte jenseits des Zaunes, die ich gern und ausgiebig mit ihnen unternahm. Wir stießen auf Ruinen (das alte Staatsgut in der Stolper Heide), Störche, Milane, Fasane und Wachteln, Pilze und uralte Milchflaschen, Glasbecher zum Harzsammeln, Unterstände noch mit Geschirr im Erdregal, bald auch auf Rechtsradikale, die in Schonungen Unterstände errichteten. All das fand im Umkreis von wenigen hundert Metern vom Lichtungsweg statt. GABRIELE HELBIG

returning home quite quickly, again stepping into the deep footprints.
The boys subsequently often wanted to go on expeditions into the Unknown beyond the Fence, and I readily complied. We discovered ruined buildings (the old state demesne of Stolper Heath), watched storks, kites, pheasants and quails, collected mushrooms and old milk bottles, glass cups (for collecting resin), military trenches still with crockery on earth shelves. We soon also met neo-Nazi youths building shelters. All this within a few hundred metres of Lichtungsweg. GABRIELE HELBIG

7. Oktober 1984
Reinickendorf
Schönfließer Straße

2. Dezember 1984
Spandau
Nahe dem Oberjägerweg

Lübars, das ist für mich Synonym für die Fassungslosigkeit und das Unverständnis, mit dem mich meine aus Westdeutschland stammende Brieffreundin anguckte und gedacht haben muss, die Berliner spinnen total. Lübars gehört zwar zu Berlin, hat aber so gar nichts mit Berlin gemein. Da gibt es Felder, da weiden Pferde auf weitläufigen Koppeln, und Mähdrescher holen im Herbst die Ernte ein. Lübars ist schlicht und einfach ein Dorf; ein von der Großstadt vergessenes Dorf. Und genauso vergessen sind dort die ersten Grenzbefestigungen: einzelne Betonpfeiler, die man zur Grenzziehung aufstellte und mit Stacheldraht verband. Sie standen dort noch immer, einige Meter vor der dann später errichteten Betonmauer.
Aus einem kleinen Dorf kam auch die besagte Brieffreundin. Wir hatten uns auf einer Ferienfreizeit in Schweden kennen gelernt, und es stand ihr erster Besuch in Berlin an. Ich hatte lange überlegt, wie ich ihr in den wenigen Tagen »rüberbringen« könnte, was denn Berlin eigentlich so ausmacht und was Mauer bedeutet.
So hatte ich u. a. neben dem obligatorischen Besuch in Ost-Berlin einen Besuch in Lübars vorgesehen (weil das ja ach so anders und trotzdem irgendwie Berlin sei). Und so sind wir dann eine halbe Ewigkeit mit dem BVG-Doppeldecker da hoch gezuckelt.
In Lübars endlich angekommen, gingen wir über die Felder und Feldwege, die entlang der Mauer verliefen und von der französischen Militärpolizei mit Maschinengewehr bewaffneten Jeeps zu Kontrollfahrten genutzt wurden. Die Felder und Pferdekoppeln reichten bis an die Mauer heran.
Das muss für sie – aus der Gegend um Minden kommend – schon eigentümlich genug gewesen sein. Als ich dann aber auch noch begeistert zu schwärmen anfing, dass es hier ja richtige Pferde gäbe und man durch echte Felder laufen könne, schaute sie mich ungläubig an und fragte, warum wir eigentlich diese Weltreise angetreten hätten.

The former village of Lübars at the northern periphery of Berlin, to me, is synonymous of the speechlessness and incomprehension in the eyes of my pen friend from "West Germany". She must have thought we Berliners were absolutely daft. Though Lübars is part of Berlin, it has very little in common with the big city. There are fields and horses grazing on vast paddocks. In the autumn, combines do the harvesting. Lübars simply is a village the metropolis has forgotten. Forgotten are also the first border "fortifications", single concrete posts put up along the city border line and connected by barbed wire. They were left standing some metres in front of the concrete Wall erected later on.
My pen friend also came from a small village. We had met during a holiday camp in Sweden and she was going to visit me in Berlin. I thought for a long time how to make her understand, from a few days' visit, what Berlin was and what living with the Wall really "meant". Apart from the obligatory visit to East Berlin, I therefore planned a visit to Lübars because, "although so very different, it is, after all, part of Berlin". So we made the seemingly endless journey up to Lübars in a doubledecker bus.
When we finally arrived there, we walked across the fields and along the lanes which ran parallel to the Wall and were used by the French military police, armed with machine guns, for the jeep patrols. The fields and paddocks came right up to the Wall. That alone must have seemed strange enough to my friend from near Minden in rural Westphalia. But when I started to rave about "real horses" and "real fields" to go for walks in, she looked at me incredulously and asked what exactly were the special sights we had come all this way to see.

7. August 1984
Reinickendorf
Lübars

Volksfest nach dem Fall der Mauer – am Tag der offiziellen Eröffnung der wiederhergestellten Straßenverbindung am so genannten Entenschnabel. Die Lokalzeitung »Der Nordberliner« war mit einem Stand vertreten, und jede Schule hatte etwas zu bieten. Die René-Sintenis-Schule, auf die mein Sohn damals ging, hatte die Eltern (= Mütter) zum Kuchen backen aufgefordert. Das war noch nie mein Ding, und ich wollte die in großer Zahl erwarteten Menschen aus dem Norden (= Osten?) mit Müslіplätzchen verwöhnen. Allerdings waren sie in dieser Hinsicht sehr zögerlich, bevorzugten bekanntere Backwaren. Gott sei Dank fanden wir genügend Abnehmer in den gesundheitsbewussten West-Müttern, denn die Vorstellung, unsere Begrüßungsplätzchen selbst essen zu müssen oder das Blech mit dem klebrigen Zeug wieder durch den Wald zu schleppen, treibt mir noch im Nachhinein Schweißperlen auf die Stirn. GABRIELE HELBIG

The time and the place: a public festival after the demolition of the Wall on the occasion of the official opening of the reconnected street between East and West at the so-called Entenschnabel or Duck's Bill. The local paper "Der Nordberliner" participated with a stand, and every school in the area had something to offer. The René Sintenis School which my son attended at the time had asked parents (i.e. mothers) to contribute home-baked cakes. I never was any good at cakes and decided to spoil our guests from the North (i.e. East?), expected in large numbers, with wholesome muesli cookies. However, they were rather hesitant to try them and preferred the more familiar cakes and pastries. Thank God we found sufficient health-conscious patrons among the "West mothers". The thought of having to eat them all ourselves or of having to carry the trays still heavy with the gooey goodies all the way back home through the wood still makes me go hot and cold. GABRIELE HELBIG

7. August 1984
Reinickendorf
Berliner Straße

Als Kinder sind wir auf dem Fließ mit unserem kleinen Boot immer bis zu dieser Stelle gepaddelt. Weiterfahren ging nicht, hätte uns aber sehr interessiert. Trotz dieser künstlichen Grenze kam es uns jedoch nicht seltsam vor, dass wir nicht weiter durften. Wir kannten es ja nicht anders. Leider konnte man nach der Grenzöffnung dann gar nicht mehr auf dem Fließ herumfahren, da es ein Naturschutzgebiet wurde.

As children we often took our small boat and paddled to this spot. Going farther was impossible, but we would have loved to do so. Despite this unnatural border we did not question that we were not allowed to continue on the stream. It was an accepted fact. Unfortunately, after the fall of the Wall, we were not allowed to go on this stretch of water by boat at all, because the area was declared a nature reserve.

7. August 1984
Reinickendorf
Lübars

7. August 1984
Reinickendorf
Lübars

11. Juni 1984
Reinickendorf
Nahe dem Wilhelmsruher Damm

7. Oktober 1984
Reinickendorf
Nahe der Schönfließer Straße

Nachdem ich die »anrührende« Geschichte des Mauerhundes zum ersten Mal hörte, wusste ich nicht, ob ich lachen oder weinen sollte. »Pinky« – den Namen erhielt das Tier von der West-Berliner Polizei, die sich bei der Namensgebung für den herrenlosen Hund durch Pink Floyds »The Wall« inspirieren ließ – war ein Cockerspaniel, ca. ein Jahr alt. Er geriet im Februar 1985 an der Kopenhagener Straße in Reinickendorf zwischen die alte und neue Mauer, gefangen in einem 20 bis 60 Zentimeter breiten Spalt aus Mauerteilen, der durch Um- und Ausbau der Grenzanlagen entstanden war. Das Tier drohte zu erfrieren und zu verhungern. Gegen das Verhungern machte sich die West-Berliner Bevölkerung auf den Weg zur Kopenhagener Straße und brachte Pinky Futter. Gegen das Erfrieren half nur die Bergung. Die Mauer war der Hoheits- und Machtbereich der DDR und derer »Organe«. So punkteten die Organe, in dem sie das Tier retteten: Da der Versuch es herauszulocken misslang, wurde ein Kranwagen herbeigeschafft und ein Grenzsoldat zum Eingesperrten hinuntergelassen. Die ganze Rettungsaktion dauerte acht Stunden und gönnte dem Klassenkampf eine kurze Verschnaufpause. Der ostdeutsche Hunderetter-Grenzsoldat wurde bei seinen Bemühungen das Tier einzufangen durch die West-Berliner Polizei unterstützt, in dem sie ihm, und damit dem Hund, heimleuchtete. Als das Tier dann endlich geborgen war, wandte sich das Ministerium für Auswärtige Angelegenheiten der DDR an den Berliner Senat und teilte mit, dass sich der Besitzer des Cockerspaniels telefonisch in der Hauptabteilung für konsularische Angelegenheiten melden möge.
Ob der Besitzer dann tatsächlich dort angerufen hat oder – wie die Zeitungen damals mutmaßten – aus Angst, für die Rettungsaktion zur Kasse gebeten zu werden, sich niemand meldete, entzieht sich meiner Kenntnis. Das Tier wurde jedenfalls gerettet.
Wie viele Menschen sind im Mauerstreifen angeschossen verblutet und gestorben?

PETRA MÜLLER

When I heard the touching story of the dog at the Wall for the first time, I didn't know whether to laugh or cry. "Pinky", a stray cocker spaniel about one year old, was named by the West Berlin police after Pink Floyd in allusion to their song title "The Wall". In February 1985 Pinky somehow squeezed into a gap between the old and new Walls at Kopenhagener Strasse in the northern Berlin district of Reinickendorf and was trapped in a crack, 20 to 60 cm wide, left from reconstruction and strengthening of the border fortifications. The pup was in danger of freezing to death or starving, or both. Starvation was staved off by West Berliners finding their way to Kopenhagener Strasse and feeding Pinky. Death by freezing could only be prevented by a rescue operation. The Wall was the sovereign territory and property of the GDR and its "organs". These won points by rescuing the poor creature. As they failed in their attempts to tempt Pinky out of the crack, a crane truck was procured and a border guard let down to the trapped. The whole rescue operation took eight hours and allowed the class war a brief breather. The East German border guard and dog rescuer was assisted in catching Pinky by West Berlin policemen who spotlighted the scene. After the successful rescue operation, the GDR Ministry of Foreign Affairs informed the West Berlin Senate that the owner should be asked to claim the cocker spaniel by phoning the Central Department of Consular Matters.
I never heard whether the owner actually ever came forward or, as the press suggested, did not phone the Department for fear of having to pay for the rescue. Pinky, the dog, was saved.
How many human beings were shot at or bled to death at the Wall?

PETRA MÜLLER

10. Juni 1984
Reinickendorf
Kopenhagener Straße

Am S-Bahnhof Wollankstraße auszusteigen war besonders merkwürdig. Der Bahnhof selbst lag im Ost-Berliner Grenzgebiet und wurde von der DDR betrieben, d.h. die Zugabfertiger waren Angestellte der (Ost-) Deutschen Reichsbahn. Allerdings konnte der Bahnhof nur von West-Berlin aus betreten und auch nur von West-Berlinern genutzt werden.
Das eigentliche Bahnhofsgebäude war geschlossen, und sämtliche Fenster und Türen waren zugemauert. Lediglich über einen kleinen Seiteneingang von der Nordbahnstraße aus erreichte man den Bahnsteig. Die Benutzung des Bahnhofs war immer wie eine Reise in eine andere Welt. Hier endeten die Einflusssphären der kapitalistischen Werbewirtschaft. Wenn überhaupt, hing lediglich ein kleiner Aushang mit den Benutzungsbedingungen der Reichsbahn an der Wand. Die Zugabfertiger trugen ganz andere Uniformen als ihre West-Berliner Kollegen bei den Berliner Verkehrsbetrieben (BVG).
Aber auch wenn man von hier aus mit der S-Bahn fahren konnte, tat man das bis 1984 als West-Berliner kaum. Seit 1961 boykottierten die West-Berliner als Reaktion auf den Mauerbau die zum »Osten« gehörende S-Bahn. Im Prinzip fuhren die Züge leer durch West-Berlin. Die West-Berliner BVG hatte parallel zu den S-Bahnstrecken eigene Buslinien eingerichtet.
Erst als 1984 die Verantwortung für den West-Berliner Teil der S-Bahn von der Deutschen Reichsbahn an den West-Berliner Senat überging, wurde sie wieder zu einem rege genutzten Verkehrsmittel.
Die auf Ost-Berliner Territorium liegenden Bahnhöfe wurden aber weiterhin von der Deutschen Reichsbahn betrieben. Das war dann endgültig skurril. Man fuhr mit westlichen Zügen (und den entsprechenden Werbetafeln) und stieg an einem Ost-Bahnhof aus.
Wenn man das hier noch einmal so aufschreibt, glaubt man es ja fast selber nicht mehr. Aber so voller Absurditäten war Berlin tatsächlich. Nur hatte man sich daran so gewöhnt, dass es einem schon gar nicht mehr auffiel.

Stepping off an S-Bahn train at Wollankstrasse was a particularly strange experience. The station itself belonged to and was operated by the GDR so that the staff there were employed by the (East German) Deutsche Reichsbahn. Yet only West Berlin passengers were able to use the station.
The station building proper was closed; all its windows and doors were bricked up. A small side entrance on Nordbahnstrasse was the only access route to the one central platform, so that taking a train here was always something of a journey to another world. Here the sphere of influence of the capitalist advertising economy ended. If anything, there was only a small notice with DR "conditions of use" posted on the wall. The stationmasters wore different uniforms from their West Berlin colleagues.
Even though West Berliners were able to use this station freely, very few of them did up until 1984 because most of them generally boycotted the GDR-run S-Bahn services after the erection of the Wall in 1961. Trains running within West Berlin were almost empty. The West Berlin public transport company BVG ran its own, parallel bus lines. It was only in 1984, following the transfer of the S-Bahn from the Deutsche Reichsbahn to the West Berlin Senate that it became, once again, a popular public vehicle. Still, one oddity remained in that the stations on East Berlin territory continued to be run by the Deutsche Reichsbahn. That was really weird: you went by West Berlin trains and tube (containing West advertisements) and got off at an East Berlin station.
Re-reading what I have written, I can hardly believe it myself, but Berlin at the time of the Wall was full of absurdities like that and we all got so used to them that it didn't really strike us as absurd any more.

10. Juni 1984
Wedding
S-Bahnhof Wollankstraße

10. Juni 1984
Reinickendorf
Am Nordgraben

10. Juni 1984
Wedding
Grüntaler Straße

Die Flutlichtanlage im Hintergrund gehört zum Friedrich-Ludwig-Jahn-Sportpark im Ost-Berliner Stadtbezirk Prenzlauer Berg. Hier habe ich von 1980 bis 1983 Leichtathletik trainiert. Nahezu jedes Wochenende fanden im großen Stadion Wettkämpfe zwischen den einzelnen Trainingszentren Berlins statt. Die Nähe zur Mauer war mir nie so bewusst. Allerdings erzählte mir mein Vater, dass bei Fußballspielen in diesem Stadion (es war das Heimstadion des Berliner Fußballclubs Dynamo) die westwärts gelegenen Zuschauerränge, die direkt an die Mauer grenzten, nicht durch »normale« Zuschauer besetzt wurden. Dort saßen Sicherheitsleute und Polizisten. Das Passieren der oberen westlichen Ränge war nicht möglich. Polizisten sorgten dafür, dass sich nicht jedermann frei im Stadion bewegen konnte. Offenbar hatte man Angst, dass sich eine größere, durch das Fußballspiel aufgeputschte und nicht mehr beherrschbare Menschenmenge in Richtung Mauer bewegen könnte. Wahrscheinlich war es auch kein Zufall, dass ausgerechnet der BFC Dynamo hier in Grenznähe sein Stadion hatte, war er doch als Stasi-Verein verschrien. Der Stasi-Chef Erich Mielke war bekennender Fan dieses Fußballvereins.

The floodlights in the background are those of the Friedrich-Ludwig-Jahn Sports Park in the East Berlin borough of Prenzlauer Berg. I went there for my track-and-field training from 1980 to 1983. Almost every weekend there were contests in the large stadium – home of the Berlin Football Club (BFC) Dynamo – between the different East Berlin training centres. I never really thought of the Wall being so close, but my father told me that the west side of the stand directly adjacent to the Wall was never occupied by "normal" football match spectators, only by security people and policemen. "Normal" spectators were not allowed to use the top terrace as a passage either. Policemen also made sure that people did not move freely around the stadium. Obviously there was fear of the crowds, excited by a match and possibly becoming uncontrollable, moving towards "the border". It was probably no coincidence either that of all the Berlin football clubs it was BFC Dynamo which had its home base here, because it was notorious for being the Stasi club and Stasi-chief Erich Mielke was an avowed fan.

2. Juni 1987
Wedding
Schwedter Straße

Als Achtzehnjähriger ging ich am 8. August 1961 mittags, vom Rosenthaler Platz kommend, die Brunnenstraße in Richtung Bernauer Straße hoch, um den »Demokratischen Sektor« für immer zu verlassen. An der Ecke Brunnen-/Bernauer Straße standen auf der Ostseite mehrere Volkspolizisten und kontrollierten die Passanten. Schwitzend und mit klopfendem Herzen erreichte ich unbehelligt die andere – die westliche – Straßenseite. Dort stand ein West-Berliner Polizist. Ich blickte zurück. Die kleine Welt sah ganz ruhig aus. Von den fünf Tage später losbrechenden Ereignissen lag noch kein Hauch in der Luft.

Ab 1975 verbrachte ich mit meiner Familie jedes Jahr die Pfingstferien in West-Berlin. Der Besuch hier an dieser Stelle und der Blick von der hohen Plattform über die Grenzanlagen einschließlich der Erklärungen an meine nur schwer verstehenden Kinder waren dabei obligatorisch. 1991, vor dem Café Grenzenlos sitzend, konnten wir dann die wieder erwachte Stadt erleben. Diesmal mit freudiger innerer Erregung.

JÖRG-P. BURKERT

I was eighteen years old when, at noon on 8 August 1961, I came from Rosenthaler Platz and was walking along Brunnenstrasse, northwards in the direction of Bernauer Strasse with the intention of leaving the "democratic sector" once and for all. At the corner of Brunnenstrasse and Bernauer Strasse there were several People's Policemen checking passers-by. In cold sweat, my heart pounding, I reached the other, the west side of the street without having been stopped. Here stood just one West Berlin policeman. I looked back: the scene seemed quite and peaceful – nothing heralded the dramatic events which "erupted" five days later.

From 1975 I took my family to West Berlin every year for the Whitsun school holiday. A visit to this spot and the view across the Wall from the high lookout platform – including all the necessary explanations to my bewildered children – was always a fixed part of our programme. In 1991, sitting on the pavement in front of Café Grenzenlos, we were able to witness, this time with happy excitement, the city reawakened.

JÖRG-P. BURKERT

2. Juni 1987
Wedding
Brunnenstraße

Wenn man sich Berlin mit dem Auto nähert, ist der Ost-Fernsehrturm schon weithin sichtbar. Ich habe dann immer das Gefühl, endlich wieder nach Hause zu kommen. Der Turm soll ja im Volksmund »Telespargel« genannt werden – ich frage mich nur, auf wessen Volkes Mund da geschaut wurde.

Wie dem auch sei, der Fernsehturm diente der Übertragung des Fernsehens und Rundfunks der DDR, die ich konsumieren musste. Mein Vater war der Meinung (wahrscheinlich als einziger Ossi überhaupt) sich daran halten zu müssen, kein Westfernsehen zu gucken. Das hieß, ich sollte es auch nicht tun. Ich stellte ihn öfter zur Rede – wie man als Kind seine Eltern zur Rede stellt. Denn es war für mich nicht einfach, in der Schule nicht mitreden zu können. Natürlich wurde dort das Fernsehprogramm vom Vortag ausgewertet. Ich rede hier von Sendungen wie »Biene Maja«. Dass ich diese Sendungen nicht sehen durfte, hat mich schwer getroffen.

Heute finde ich diese Entscheidung noch absurder, da ich nun weiß, dass es sich dabei um eine Produktion aus dem tschechisch-slowakischen »Bruderland« gehandelt hat. Was mich aber am meisten ärgert, ist nicht so sehr die Tatsache, Biene Maja nicht gesehen zu haben und auch nicht mein Vater, der mich nicht gelassen hat – nein, was mich ärgert, ist vielmehr die Tatsache, dass wir uns auf solche Spielregeln eingelassen haben. Was wäre denn passiert, wenn ich Westfernsehen geguckt hätte? Die Stasi hätte uns nicht verhaftet, und mein Vater hatte selbstverständlich seinen Job behalten. Nein, es war dieser vorauseilende Gehorsam und die Angst anzuecken. Ich rede übrigens über die siebziger und achtziger Jahre und nicht über die Sechziger, als die Antennen, die groß und nach Westen ausgerichtet waren, in der DDR noch von FDJ-Aktiven abmontiert wurden.

When approaching Berlin by car you can see the television tower from quite a distance. As soon as I see it, I always have a sense of home-coming. I hear it is called "tele-asparagus" in the vernacular. I only ask myself which people's vernacular.

Be that as it may, the television tower served GDR radio and television broadcasting which I was forced to "consume". My father – probably as the only "Easterner" – felt he had to stick to the rule of not watching "west television", which meant I mustn't do it either. I often took him to task (as far as you can as a child) on this, because it was difficult for me not to be able to join my schoolfriends' discussions about what they had seen the day before. I'm talking here about films like "Biene Maja", the friendly little bee. I was really hurt by not being allowed to watch this film.

Today, now that I know this particular production was actually made by our Czechoslovak "brothers", I find this ban even more absurd. It is not so much the fact that I missed out on "Biene Maja" as such, or that my father prevented me from watching it, that still makes me angry – but the fact that we actually took this rule seriously and obeyed it. What would have happened if I had watched west television? The Stasi would not have arrested us, and my father would still have kept his job. It was our obedience in anticipation of restrictions, our fear of trouble that gets me now. I am talking here of the 1970s and 1980s, and not of the 1960s when large west-oriented roof-top antennae were dismantled by FDJ (Freie Deutsche Jugend: Free German Youth) activists.

2. Juni 1987
Wedding
Brunnenstraße

Ich glaube, wenn man ganz ehrlich ist, war man auch ein bisschen stolz darauf, in einer so ungewöhnlichen Stadt wie dem geteilten Berlin zu leben. In der Fremde brauchte man nur kurz erwähnen, dass man aus Berlin kommt und konnte dann sicher sein, im Mittelpunkt einer sich anschließenden interessanten Diskussion zu stehen: Wie das denn so sei, mit der Mauer, ob man nicht das Gefühl habe eingesperrt zu sein etc. Kurz tief Luft geholt, und man erzählte von der Faszination einer Stadt, in der jeder Stein tausendundeine Geschichte erzählen könne, weil die Stadt so geschichtsträchtig sei. Und besonders stolz war man natürlich, wenn irgendwelche wichtigen Großereignisse in Berlin stattfanden. Eines, speziell zur 750-Jahr-Feier Berlins im Jahr 1987 in die Stadt geholt, war z. B. das Deutsche Turnfest. Rund 120 000 Menschen waren damals nach West-Berlin gekommen. Auf allen Sportplätzen, in alle Sporthallen fanden irgendwelchen Aktivitäten statt. So auch auf dem Sportgelände rund um das Erika-Hess-Stadion. Das Stadion selbst lag dicht an der Mauer, nur durch einen schmalen Alliiertenkontrollweg von ihr getrennt.
Auch in Ost-Berlin feierte man die 750-Jahr-Feier mit einem groß angelegten Festprogramm. Aber zu gemeinsamen Veranstaltungen zwischen den beiden Stadthälften hatte sich die Politik im Prozess der Vorbereitung des Stadtjubiläums nicht verständigen können. So gab es eine Stadt und zwei 750-Jahr-Feiern, und man hatte wieder ein bisschen mehr zu erzahlen über diese ungewöhnliche, geteilte, Stadt.

To be honest, I think we were also a bit proud of living in such an unusual city as divided Berlin. Abroad you only had to mention that you came from (West) Berlin to be sure of being the centre of the ensuing interesting discussion, answering questions like: what is it like living with the Wall?, don't you feel shut in?, etc. You took a deep breath and told of the fascination of a city where every stone could tell you a thousand and one stories because the place was so full of history. Of course, we were particularly proud when large events were held in (West) Berlin. One was the German Gymnastics Festival hosted by the city on the occasion of Berlin's 750th anniversary in 1987 which had attracted about 120,000 people from other places. The festival was held in all the sports halls and grounds, including the facilities of the Erika Hess Stadium. This was adjacent to the Wall, only separated from it by a narrow Allied patrols corridor. East Berlin also celebrated the city's 750th jubilee, but during the preparatory stage both governments had not reached any agreement on joint events. So there were two separate jubilees, and we "Berliners" had more to tell about our unusual divided city.

29. Mai 1987
Wedding
Chausseestraße / Boyenstraße

Einen alten Schulfreund meines Vaters aus Schlesien hatte es nach dem Zweiten Weltkrieg nach Blankenburg (nordöstlich von Berlin) verschlagen. Als er endlich Rentner geworden war, erlaubten ihm die DDR-Behörden Reisen in das NSW (Nicht-Sozialistisches Wirtschaftsgebiet), zu dem natürlich auch West-Berlin gehörte.
Er besuchte uns dann des Öfteren. Sein Sohn brachte ihn sonnabendvormittags mit dem Auto (zunächst im Trabi, später dann im Wartburg) bis zum Grenzübergang Chausseestraße. Dort verabschiedete sich G. von seinem Sohn, passierte die Kontrollen zu Fuß und wurde auf westlicher Seite von uns abgeholt.
Und abends geschah dann das Gleiche in umgekehrter Richtung. Das war jedes Mal ein total blödes Gefühl, wenn man sich voneinander verabschiedete. Obwohl man sich ja eigentlich besuchen konnte (wenn auch mit viel Nerverei), war es doch immer so, so als ob man sich das allerletzte Mal gesehen hätte.
Und genauso traurig war es, wenn man wusste, dass auf der anderen Seite der Sohn von G. stand, den man gerne mal wiedergesehen hätte. Es war pervers, dass, obwohl er nur 50 Meter entfernt am Auto wartete, er doch in einer unendlich entfernten, völlig anderen Welt lebte.

An old schoolfriend of my father's from Silesia had ended up living in Blankenburg (north-east of Berlin) after the Second World War. When he finally retired, the GDR permitted him to make trips to the NSW territory (the initials stood for Non-Socialist Economic Area) which, of course, included West Berlin. He visited us quite often. His son drove him (first in his Trabant, affectionately called Trabi, later in his Wartburg) to the checkpoint Chausseestrasse. Here my father's friend, G, passed the border controls on foot and was picked up by us on the West Berlin side.
In the evenings the procedure was reversed. The farewells always gave you an odd feeling. Although it was possible for us to visit him and his family in Blankenburg, this involved a lot of hassle and "nerves", and at the checkpoint we always felt as if we had seen each other for the last time. The thought of G's son waiting on the other side added to our sadness. We would have loved to see him again, too. It seemed perverse that he stood only about 50 metres from us with his car, yet lived so far away from us in a totally different world.

29. Mai 1987
Wedding
Chausseestraße

Die Grenzübergangsstelle Invalidenstraße, das war »unser« Übergang. Als meine Oma schwer krank wurde, ging es von dort aus sogar über ein Jahr lang jede Woche zu ihr. Ansonsten warteten »drüben« der Rest unserer großen Familie und viele alte Freunde meiner Eltern.
Invalidenstraße, das hieß auch Angst haben, zu viel oder Falsches mitgenommen zu haben. Ein langes, unsinniges Verhör dort hatte gereicht! Dabei war es nur eine lächerliche LP einer ZDF-Fernsehshow mit Peter Alexander, Gast: Heinz Rühmann, die wir verschenken wollten. (Natürlich wurde die Schallplatte von den Grenzpolizisten einkassiert.)
Pünktlich um kurz vor 24 Uhr reihten wir uns jedes Mal nach unserem Besuch in die Schlange der ausreisenden Pkws ein. Wir müden Kinder hatten dann ab und zu etliche Unterhemden und Unterhosen mehr an. Im Westen waren diese Sachen teuer, und unsere Verwandten freuten sich, uns auch etwas schenken zu können. In Ost-Berlin bekam man für »Ost-Verhältnisse« leicht Kinderwäsche, und die Qualität war sehr gut. Das Trikotagenausfuhrverbot der DDR haben wir so spielend missachten können.
Dennoch atmeten wir regelmäßig auf, wenn nach gründlicher Wageninspektion der grell ausgeleuchtete Übergang hinter uns lag und uns die ersten bunten westlichen Neonschilder anstrahlten. MANON KITTER

The checkpoint Invalidenstrasse was where we always crossed the border. During my grandmother's serious illness, we even went to see her once a week for a whole year. And then there was the rest of our large family and many old friends of my parents "over there".
The Invalidenstrasse checkpoint also meant being afraid of having packed too many things, or the wrong ones, to take to them. We'd had enough of one endless, absurd interrogation when we carried a harmless gift: an LP with a recording of Peter Alexander's ZDF television show with, as a guest, Heinz Rühmann. Of course, it was requisitioned by the GDR customs officers.
Each time we drove back to the checkpoint to reach it shortly before midnight, joining the line of other cars going back to West Berlin. We children sometimes wore several layers of underwear. In the "West" this was expensive and our relatives were happy to be able to give us something we needed in return for our gifts as children's underwear was easily available in East Berlin, and of good quality. In this way we managed to evade the GDR export ban on knitwear.
But we still always took a deep breath when we had passed the thorough car inspection at the brightly lit checkpoint and the first colourful neon signs welcomed us back to West Berlin. MANON KITTER

29. Mai 1987
Tiergarten
Invalidenstraße

Am Vormittag des 6. Mai 1987 versuchte der sechsundzwanzigjährige Ralf M. sich das Leben zu nehmen. Aus Liebeskummer. Unweit des Reichstages raste er mit seinem Auto die Scheidemannstraße entlang auf die Mauer. Die befand sich in diesem Bereich etwa acht Meter zurückversetzt auf Ost-Berliner Gebiet, das Auto kam also auf exterritorialem Gelände zum Stehen. Der Zutritt dorthin war der West-Berliner Polizei nicht gestattet. Erst nachdem sie Kontakt zu den DDR-Grenztruppen aufgenommen hatte, durfte sie den Schwerverletzten aus humanitären Gründen retten.

Die Bergung des Autowracks verwehrten die DDR-Grenzposten jedoch sowohl der West-Berliner Polizei als auch der britischen Militärpolizei mit der Begründung, dass sich das Fahrzeug auf DDR-Territorium befinde. Die britischen Alliierten wiederum weigerten sich, mit den DDR-Behörden zu verhandeln, da sie diese nicht als Verhandlungspartner anerkannten. (Nach dem Viermächtestatus hatten die amerikanischen, britischen, französischen und sowjetischen Truppen freien und unkontrollierten Zugang zu allen Sektoren Berlins. Die innerstädtische Grenze erkannten die westlichen Alliierten nicht als Staatsgrenze an.) Erst nachdem ein britischer Offizier mit den sowjetischen Behörden eine Regelung getroffen hatte, und die Sowjets die DDR-Grenzposten benachrichtigten, erlaubten diese den Briten den Zugang zum Autowrack.

In the morning of 6 May 1987, twenty-six-year-old Ralf M. attempted suicide – because of lovesickness. Not far from the Reichstag, he tore along Scheidemannstrasse and crashed into the Wall. At this point, the Wall was aligned about eight metres beyond the actual border line. This meant the car was wrecked on GDR territory. West Berlin police had no access to this and that day were only able to rescue the seriously injured young man after having procured special permission – for humanitarian reasons – from the GDR border forces.

However, the border guards withheld permission for either the West Berlin police or the British military police to recover the car wreck on the grounds that the car was on GDR territory. The British in turn refused to negotiate with the GDR authorities on the grounds that they did not accept the latter as rightful negotiating partners. (According to the Four-Power Status of Berlin, the American, British, French and Soviet troops had free and uncontrolled access to all sectors of the German capital so that the inner-urban district lines were not recognised as a national border by the three western Allies.) It was only after a British officer had come to an agreement with the Soviet authorities, who then notified the border troops that they allowed the British access to the wrecked car.

29. Mai 1987
Tiergarten
Scheidemannstraße

Ich bin Jahrgang 1970 und in Ost-Berlin aufgewachsen. Ich hab mich immer gefragt, was diese Spruchbänder sollten, die ja nahezu an jedem Betrieb oder öffentlichem Gebäude in der DDR hingen. Motivierend oder die Produktion ankurbelnd haben sie sicher nicht gewirkt. Irgendwann hat man die Transparente gar nicht mehr wahr und schon gar nicht ernst genommen. Wie erst muss so ein Spruchband auf West-Berliner oder Besucher gewirkt haben? Konnten sie darüber lächeln, haben sie die Ossis für naiv, dumm oder sonst was gehalten? Mich würde auch mal interessieren, was sich die »Transparent-Beauftragten« dabei gedacht haben, so einen Spruch genau ins Grenzgebiet zu hängen? Die Leser waren sicher keine Ost-Berliner, die haben das Ding aus ihrer Perspektive gar nicht sehen können.
Vor einigen Jahren gab es einen Fernsehfilm mit Götz George in einer Doppelrolle. Er spielte Zwillingsbrüder. Den einen hatte es in den Westen, den anderen in den Osten verschlagen, irgendwann haben die beiden ihre Identitäten getauscht. Zwilling West, eigentlich in der Werbebranche tätig, macht sich im Ostbetrieb seines Bruders daran, die Transparente und Slogans zur sozialistischen Produktion in demselben schmissigen Stil zu gestalten wie die Lobpreisungen auf die Produkte der kapitalistischen Produktion.
Wie hätte das wohl gewirkt – wären die Worthülsen dann wahr genommen worden? Ich bin froh, dass niemand auf die Idee gekommen ist, dadurch wusste man woran man ist und konnte das Ensemble »weiße Schrift auf rotem Grund« aus der Wahrnehmung mit schöner Regelmäßigkeit ausblenden.

I was born in 1970 and grew up in East Berlin. I always puzzled over the purpose of those banners which hung in practically every company or public building in the GDR. They certainly neither motivated people nor raised productivity. After a while you didn't take any notice of them any more, let alone take them seriously. What kind of impression must these banners have had on the West Berliners? Were they able to laugh about them, did they think we "Easterners" were naïve, stupid, or what? I would also be interested to know what the "banner commissioners" had in mind putting such slogans up right next to the Wall. The readers could not have been East Berliners as the slogans were out of their sight.
Some years ago, there was a film on television with Götz George in a double role, playing twin brothers. One of them had gone west, the other landed in the East. At some point they changed places. "Twin West", an advertising consultant, now working in his brother's East Berlin factory, set to rewriting the slogans about glorious Socialist production in the same racy style as the praises of capitalist commercial products.
What would have been the effect in reality? Would people have noticed these meaningless words then? I'm glad nobody did. We knew where we stood and were always able to blend out the ensembles of "white lettering on a red background".

18. Mai 1984
Tiergarten
Ebertstraße

Viele Stunden und Tage war ich nun schon an der Mauer unterwegs gewesen. Mittlerweile hatte ich zahlreiche kleine Türen im Beton der Mauer entdeckt, anfänglich noch verwundert bestaunt, später nicht mehr weiter beachtet.
Umso erschrockener war ich, als sich unweit des Lenné-Dreiecks am Potsdamer Platz eine dieser Türen knirschend öffnete. Zentimeter um Zentimeter gab sie den Blick frei auf den Grenzstreifen. Der dahinter Stehende musste offensichtlich seine ganze Kraft aufbringen, um die schwere Tür bewegen zu können. Allmählich wurde die armeegrüne Uniform eines Grenzsoldaten sichtbar, der mit meiner Anwesenheit (und meinem Fotoapparat!) wohl kaum gerechnet hatte. Ungläubig sahen wir uns einige Sekunden lang erstaunt an. Langsam begriff der DDR-Grenzer die missliche Situation, und eiligst schloss er die Tür wieder. Ich war so erschrocken, dass ich selbst ein einfaches »Hallo!« vergaß.
Ich setzte meine Fototour fort und überlegte, was der Mann eigentlich beabsichtigt hatte: Wollte er den Grenzstreifen inspizieren, der sich, fünf bis acht Meter breit, vor der Mauer befand (exterritoriales DDR-Gelände)? War er einfach nur neugierig und wollte mal sehen, wie es auf der anderen Seite so aussieht? Dann war er ganz schön mutig. Oder hatte er beabsichtigt »Republikflucht« (so der offizielle DDR-Sprachgebrauch) zu begehen? Dann hätte ihn meine Anwesenheit nicht stören müssen. Vielleicht hatte er aber auch nur den Auftrag, die Betontür auf ihre Funktionstauglichkeit zu prüfen. Eigentlich hätte ich ihn fragen können. MATTHIAS HOFFMANN

I had walked along the Wall for many hours and days and had discovered a number of small doors in the concrete, at first I had been greatly surprised, later on I no longer took much notice of them.
Imagine my shock, therefore, when one day, near the Lenné Triangle on Potsdamer Platz, one of these doors opened slowly, creakingly. Centimetre by centimetre, it opened the view over the strip of no man's land. The person behind the door obviously had to use all his strength to turn the heavy door. After a while a border guard in green uniform appeared in the door. He was visibly taken aback at the unexpected sight of me (and my camera). We stared at each other in disbelief for a few seconds. The GDR guard was slow to grasp the situation and then hastily shut the door again. I myself got such a fright that I didn't even say "hello".
I continued my photographic outing and wondered what the man had been about to do. Was he going to inspect the strip of GDR territory, six to eight metres wide, on the West Berlin side of the Wall? Was he simply curious and wanted to see what it was like on the other side? In which case he would have been very daring. Had he planned to escape? Then my presence should not have stopped him. Or perhaps he had been ordered to make sure the door functioned. I could have asked him. MATTHIAS HOFFMANN

29. Mai 1987
Tiergarten
Ebertstraße

29. Mai 1987
Tiergarten
Ebertstraße

I'M ON THIS SI
DOUG C.'8
HOST.
Eintritt
JES
Nicole

I'M ON THIS SI
DOUG C.'8
Eintritt
JESS
Nicole

Der Autor

Matthias Hoffmann wurde 1968 in West-Berlin geboren und studierte Politikwissenschaften. Er lebt in Berlin. Während seines Studiums widmete er sich vorrangig dem Thema des deutsch-deutschen Verhältnisses. In den Jahren 1984 bis 1987 umrundete er den Westteil Berlins zu Fuß und fotografierte Mauer und Grenzanlagen zwischen den beiden Stadthälften und zwischen West-Berlin und der DDR.

Unter www.mauerfotos.de erstellte er im Jahr 2001 das mit rund 500 Bildern derzeit umfangreichste Fotoarchiv zur Berliner Mauer im Internet. In seinem »Archiv des kollektiven Gedächtnisses« können Menschen ihre eigenen Erinnerungen und Erlebnissen an und mit der Berliner Mauer niederschreiben und so dafür sorgen, dass das »Leben mit der Berliner Mauer« nicht in Vergessenheit gerät.

The Author

Matthias Hoffmann was born in West Berlin in 1968. He studied political science and now lives in Berlin. As a student his main interest was in German-German relations. From 1984 to 1987 he made a tour of the Wall, in stages, on the West Berlin side and took photographs of the Wall and the border fortifications between the two halves of the city, as well as between West Berlin and GDR territory.

In 2001 he established the website www.mauerfotos.de which contains his 500 pictures. This is currently the most comprehensive photo documentation of the Berlin Wall presented on the internet. People who visit the website may enter their own memories and experiences of the Wall into this "Archive of Collective Memory" and thus make sure that "life with the Berlin Wall" does not sink into oblivion.

© 2002 Nicolaische Verlagsbuchhandlung GmbH, Berlin
Lektorat: Antonia Meiners, Berlin
Übersetzung: Annette Wiethüchter, Berlin
Layout und Satz: Jonas Maron, Berlin
Cover: Dorén + Köster, Berlin
Karte: Bernd Matthes, Berlin
Repros: Mega-Satz-Service, Berlin
Druck und Bindung: Bosch-Druck, Landshut

Alle Rechte vorbehalten
Printed in Germany
ISBN 3-87584-607-9

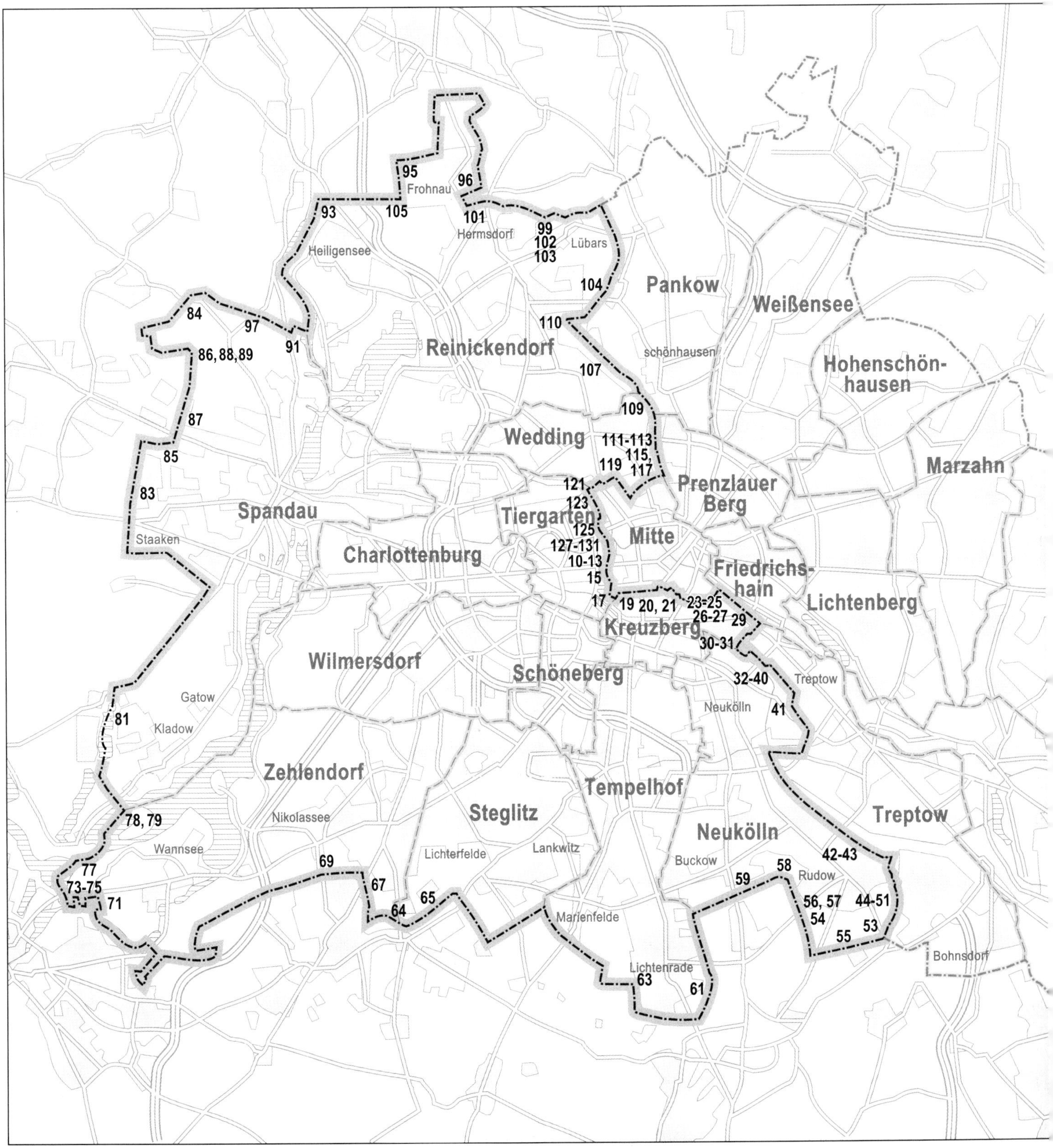

95
96
Frohnau
93
105
101
Hermsdorf
99
102
103
Lübars
Heiligensee
104
Pankow
Weißensee
84
97
91
110
86, 88, 89
Reinickendorf
schönhausen
Hohenschön-
hausen
107
109
87
Wedding
111-113
115,
117
85
119
Marzahn
121
Prenzlauer
Berg
83
123
Spandau
Tiergarten
125
Mitte
Staaken
127-131
Charlottenburg
10-13
Friedrichs-
hain
15
17
19
20, 21
23-25
26-27
29
Lichtenberg
Kreuzberg
30-31
Wilmersdorf
Schöneberg
32-40
Treptow
Gatow
Neukölln
41
81
Kladow
Zehlendorf
Tempelhof
78, 79
Nikolassee
Steglitz
Treptow
Neukölln
Wannsee
Lankwitz
Lichterfelde
42-43
69
Buckow
58
77
Rudow
59
73-75
67
56, 57
44-51
71
65
64
Marienfelde
54
53
55
Bohnsdorf
Lichtenrade
63
61